KB142023

회사를 졸업하겠습니다

이 책을 소중한

______________________님에게 선물합니다.

____________________________________ 드림

| 30년 벌어서 60년을 버텨야 할 당신을 위한 책 |

회사를 졸업하겠습니다

김미정 지음

위닝북스

한창일 때
미리 은퇴를 준비하라

누구나 은퇴 후 활기차고 행복한 삶을 꿈꾼다. 직장을 퇴직했다고 해서 아무것도 하지 않은 채 시간만 보내는 삶을 원하는 사람은 아무도 없을 것이다. 나 역시 은퇴 후의 삶에 대해 많은 고민을 했고, 이에 대한 조언을 얻을 수 있는 곳이라면 어디든 마다하지 않고 찾아다녔다.

결혼을 하고 아이를 낳고 키우면서 막연한 두려움이 생기기 시작했다. 남편의 직장에서는 매년 구조조정이 실시되었고 불안함은 커져만 갔다. 나는 아이를 키운다는 핑계로 집안일에만 집중할 수가 없었다. 사랑하는 남편이 힘들어하는 모습을 지켜보면서 '내가 도움이 될 만한 일이 무엇이 있을까'를 곰곰이 생각했다. 마이너스 통장으로 시작한 신혼생활이었기에 형편은 여유롭지 않았고 능력이 출중한 것도 아니었다. 내 수준에서 할 수 있는 일을 찾아야만 했다.

추운 겨울 어두운 새벽에 출근하던 남편의 뒷모습이 지금도 선명하게 기억난다. 가슴이 먹먹했다. 우리 네 식구를 먹여 살리기 위해 남편은 불철주야 직장에서 대부분의 시간을 보냈다. 혼자 고군분투하는 남편을 돕고 싶었다. 경제적으로 독립하고, 남편이 하고 싶어 하던 공부도 마음껏 하게 해 주고 싶었다. 그리고 그와 함께 책을 쓰면서 함께 꿈을 이루고 싶었다. 은퇴 준비를 주제로 책을 쓰면서 한 번 더 절실하게 필요성을 느끼게 되었고, 우리 세대가 해결해야 할 문제임을 깨닫게 되었다. 나는 지금 내가 할 수 있는 모든 방법을 생각해 보았다. 다행히도 우리 부부는 마음이 잘 맞았다. 우리는 함께 재테크 공부도 하고 자기계발서도 읽으면서 다양한 생각과 의견을 교환했다.

내게 닥친 문제를 직시하고 행동으로 옮겼듯이 이 책은 내 인생의 지침서이자 당신이 가고자 하는 길에 길잡이가 되어 줄 것이다. 참고로 본문에 나오는 일부 사례의 인물들은 편의상 실명 대신 가명을 사용했음을 밝혀 둔다. 시작이 반인 것처럼 아직 한창일 때 미리 은퇴를 준비해야 한다. 그래야만 하고 싶은 일을 하고 같은 관심사를 가진 사람들과 교류하면서 활기차고 행복한 인생 2막을 누릴 수 있다.

이 책을 쓰면서 고마운 사람들이 많았다. 먼저 탁월한 식견으로 나를 여기까지 이끌어 주신 〈한국 책쓰기 성공학 코칭협회〉 김태광 대표 코치님과 〈위닝북스〉 출판사의 권동희 대표님에게 감사를 전한다. 원고의 목차가 완성되었을 때 나는 내가 성공할 수밖에 없겠노라고 당당히 대표 코치님께 말했다. 그가 나를 독려해 주지 않았다면 이 책은 완성될 수 없었을지도 모른다.

내가 편안하고 안정된 삶을 유지할 수 있는 것은 사랑하는 가족들이 있기 때문이다. 서로 의지하고 믿어 주고 사랑해 주는 가족이라는 울타리는 나에게 항상 안정과 편안함을 준다. 사랑하는 부모님과 조카 김현규, 김성규, 김은지, 남동생 부부 김병주, 최은숙, 멀리서 한 가정을 이루고 사는 여동생 부부 지경석, 김수정을 진심으로 응원한다. 마지막으로 항상 나를 지지해 주고 용기와 사랑을 주는 남편 이준희, 사춘기를 지나고 있는 아들 이지훈과 귀여운 늦둥이 이강훈에게 사랑한다고 말하고 싶다.

2017년 10월

김미정

차례

100세 시대,
인생을 보는 패러다임을 바꿔라

미리 하는 7가지 은퇴 공부법

은퇴 전에 꼭 기억해야 할 은퇴 십계명

인생 2막, 평생 현역이 답이다

PART 1
행복한 은퇴 후 삶은 준비된 자만이 누릴 수 있다

01

은퇴는 퇴직을 앞둔 사람만의 고민이 아니다

필사적으로 살든지 필사적으로 죽든지, 둘 중 하나다.

- 영화 〈쇼생크 탈출〉 중에서

요즘 뉴스를 보면 명예퇴직과 희망퇴직에 관한 소식들을 심심찮게 접하게 된다. 기업들의 국내 매출 감소, 글로벌 경기 침체, 수익구조 악화 등으로 인한 경영 위기로 국내 기업들은 전 사원을 대상으로 명예퇴직 및 희망퇴직 신청을 받고 있다. 여기서 주목할 점은 희망퇴직의 범위가 전 사원이라는 것이다. 신입사원도 예외는 아니다.

희망퇴직을 앞두고 있는 50대 중반의 정호병 씨는 퇴직 신청 전에 이미 사내에 불안을 조장하는 이야기가 나돌았다고 했다. 400~500명을 감축할 예정이라는 소식이 들려왔고, 상사와의 면담을 통해 희망퇴직 신청이 이루어졌다. 희망퇴직을 신청하지 않을 경우 다른 불이익이 있다고 했다. 그는 인터뷰에서 이렇게 말했다.

"희망퇴직이라는 명분 아래 행해지는 정리 해고죠. 누가 퇴직을 원해서 하겠어요?"

신입사원들도 불안하긴 마찬가지다. 매년 구조조정에서 자유로울 수 없는 그들은 동료들끼리 삼삼오오 모여 술 한잔 기울이면서 늘 불안한 직장 생활을 한탄하며 서로를 위로한다. 대학 4년 내내 취업을 위한 스펙 쌓기에 매달려 겨우 들어간 직장이건만, 업무를 배워 역량을 펼치기도 전에 희망퇴직이라는 이름 아래 다시 취업 전선으로 내몰리는 상황이 된 것이다.

직장생활 23년 차 팀장인 나의 남편은 회사와 함께 성장한 성실한 사람이다. 그런데 어느 날 남편이 힘없이 집에 들어와 몹시 시무룩해했다. 나는 '회사에 무슨 일이 있구나'라고 직감했다.

"무슨 일 있어요?"

"회사 구조조정으로 부장님께서 퇴직하셔야 한대. 여보, 나 정말 충격이야!"

예전 같았으면 남의 이야기로 들었겠지만, 매일 동고동락하던 부장님이 구조조정의 칼날에 무참히 잘리는 상황을 보면서 남편은 며칠 동안 힘없이 회사를 다녔다. 적잖이 충격을 받은 모양이었다. 부장님에겐 한창 돈이 많이 들어가는 중·고등학생 자식들이 있다고 했다.

남편과 나는 구조조정으로 인한 퇴직 시 발생할 문제들을 생각해 보았다. 외벌이인 우리 가족은 매달 생활비, 아파트 대출금 이자, 두 아들의 교육비, 4인 가족의 보험료 등이 남편의 월급에서 빠져 나간다. 당장 월급이 없어진다면 우리 가족은 경제적 난관에 봉착하게 될 것이 뻔했다. 물론 퇴직금과 실업급여 등으로 몇 달은 버틸 수 있을지 몰라도 월급이 끊긴다면 정말 큰일이었다.

한순간에 구조조정으로 퇴직을 당한다면 경제적·정신적 충격이 상당할 것이다. 먼저 경제적 충격으로 대출금 이자가 버거워 아파트를 처분해야 하는 상황이 올 수도 있다. 당장 아이들의 학원비를 줄이기 위해 학원을 끊거나 친구들과의 모임도 자주 나갈 수 없을 것이고, 경조사비도 만만치 않을 것이다. 보험료도 버겁기만 할 것이다. 여러 가지 상황들이 내가 원하지 않는 방향으로 한순간에 변할 수 있다.

그다음으로 정신적 충격이다. 퇴직 전 직위와 퇴직 후 아무것도 할 수 없는 나 자신을 발견했을 때 오는 괴리감과 상실감은 어마어마할 것이다. 심리적 충격을 극복하지 못하면 아무 일도 할 수 없다. 빨리 충격에서 벗어나 내가 무슨 일을 할 수 있을 것인가와 어떤 일을 할 것인가를 정해야만 한다.

가족들의 상황도 생각해 보자. 남편이 퇴직한다면 아이 둘을 키우고 있는 나도 취업전선에 뛰어들어야 할 것이다. 지금의 생활 패턴과는 다른 방향으로 내 삶을 바꿔야 하고 마음도 무거워질 것이다. 아무리 긍정적인 성격을 가졌다지만 코앞에 닥친 문제를 해결해야 하기에 몸과 마음이 힘들어질 것은 당연하다. 직장을 다니던 아버지가 퇴직하게 되어 상심하고 있다면 아이들도 이를 느끼게 될 것이다. 아이들은 모르는 듯 보여도 집안 사정이 안 좋아진다는 것쯤은 빨리 알아차린다. 그러면 아이들도 사고 싶은 장난감을 못 사고, 맛있는 음식도 못 먹고, 다니던 학원을 그만둬야 할 수도 있다고 생각할 것이다. 그리고 친구들과 헤어질지도 모른다는 불안감이 자리 잡을 수도 있다.

작년에만 시중 은행 3,000명 이상, 조선업계 1,000명 이상, 대기업 중 한 곳에서만 5,000명 이상이 퇴사했다. 왜 이렇게 많은 사람들이 직장에서 퇴사할까? 그 이면에는 여러 가지 이유들이 있겠지만 한 가지 짚어 보자면, 고용상 연령 차별 금지 및 고령자 고용촉진에 관한 법률로 정년을 58세에서 60세로 상향 조정하는 의무화 제도를 들 수 있다. 좋은 취지로 시작된 법령이 기업에서 남용되어 우리에게 부메랑으로 되돌아온 것이다. 60세의 임금피크제로 급여는 조금 낮아지지만 청년 실업을 해결해서 장년층과 청년층이 일자리를 나누자는 취지가 퇴색되어 전혀 다른 방향으로 우리에게 다가온 것이다.

정년 60세 의무화 제도는 300인 이상 기업에서 2016년 1월 1일부터 시행되었고, 300인 미만 사업장에서는 2017년 1월 1일부터 시행되었다. 작년과 올해 퇴직을 당하는 직장인이 넘쳐나는 것은 당연한 일이 되었다. 우리나라 기업들이 구조조정의 칼바람을 일으킨 것이 외환 위기 이후 최대 인력 구조조정이라고 한다. 모 기업에서는 상시 희망퇴직 프로그램까지 시행하고 있다고 하니 큰 걱정이 아닐 수 없다.

2015년 7월 통계청의 경제활동인구조사 결과에 따르면 우리나라의 평균 퇴직 연령은 남성 52세, 여성 47세로 나타났다. 퇴직은 이제 모든 직장인의 고민이 되었다. 퇴직과 관련한 뉴스를 보고 있으면 이렇게 해서 경제가 원활히 돌아갈 수 있나 하는 생각이 들 만큼 모든 사람이 힘든 시간을 겪고 있다. 기술의 발전으로 업무 자동화가 진행되면서 우리 자녀들의 일자리가 줄어들고, 금융 위기 이후 기업들이 경영난을 극복하기 위해 매년 구조조정을 단행해 퇴직 인구가 늘어나는 것은 어쩔 수 없는 사회적 현상이다. 은퇴는 비단 퇴직을 앞둔 사람만의 고민이 아니다. 이 시대를 살고 있는 모든 이들의 문제다.

기업들은 경영 위기를 극복해야 하고 우리는 정년이 보장된 일자리를 가지고 싶다. 그렇다면 서로 윈윈(win-win) 할 수 있는 방법은 없는 것일까? 취직을 하기 위해서 목숨 걸고 스펙을 쌓고 있는 현실 속에서 이제 자식들에게 취직을 하기보다는 평생 할 수 있는 일을 찾으라고 말하고 싶다는 어느 퇴직자의 인터뷰처럼 생각의 전환을 할 때가 왔다. 유치원을 다니기 전부터 아이들의 의

사와는 상관없이 행해지는 천편일률적인 사교육과 대기업에 취업하기 위한 스펙 쌓기로는 더 이상 안정적인 수입을 보장할 수 없다. 평생직장이 사라진 지금 우리는 관심 있고 잘할 수 있고 평생할 수 있는 일을 찾아야 한다. 끊임없이 스스로를 되돌아보고 내 인생을 행복하게 할 수 있는 일을 미리 준비해 보자.

02

은퇴 준비는 빠를수록 좋다

기회는 새와 같은 것, 날아가기 전에 꼭 잡아라.

– **프리드리히 쉴러**

아무런 준비 없이 퇴직을 맞이한 사람들이 있다. 사는 게 바빠서라고 핑계를 대 보지만 막상 퇴직을 당하고 보니 정말 후회가 물밀듯이 밀려온다. 경기 불황에는 대기업 직장인들조차 구조조정의 칼날을 피해 갈 수 없다. "내가 얼마나 열심히 회사를 위해서 일해 왔는데!"라고 소리쳐 봐도 소용없다. 열심히 일해야 하는 나이임에도 불구하고 내가 원하는 곳에서는 일자리가 없다. 다시 이력서를 가지고 취업전선에 뛰어들어 보지만 마땅한 일자리조차 없다. 그때서야 무언가 잘못되었다 느끼며 준비 없이 하루하루를 보낸 자신을 반성하고 후회하지만 이미 때는 늦었다.

53세 자영업자인 박장훈 씨는 은퇴 후 가장 걱정되는 것이 무엇이냐는 질문에 자녀의 등록금과 결혼자금이라고 답변했다. 회사원과 고등학생 자녀를 둔 가장이기 때문이었다. 49세의 교수인 류지연 씨는 여유로운 삶을 살고 싶으나 준비가 미흡하다고 답변했고, 57세의 은퇴자인 노태진 씨는 은퇴 후 아내의 눈치를 보는 것이 제일 힘들다고 말했다. 그들은 은퇴 후의 삶에 대해 본인들의 걱정거리를 털어놓았지만, 정작 '앞으로 무엇을 하며 보내야 할까'라는 물음에는 누구도 선뜻 대답하지 못했다. 현재 그들의 생활은 보통 서민들의 삶을 대변하지만 노후를 위해서 준비를 하고 있다는 사람은 없었다. 그들은 서로 간의 걱정들을 털어 놓으며 늦게라도 다짐했다. 스스로가 노후에 대한 준비가 턱없이 부족하다는 것을 절실히 깨닫고 좀 더 계획적인 노후 준비를 하기로 한 것이다.

대부분의 사람들이 먹고살기 바빠서, 자녀들의 교육비 지출 때문에 정작 본인들의 노후 대비는 전혀 하지 못한다. 그나마 자금이 여유로운 사람들은 부동산 투자나 연금, 주식 등을 통해 금융자산을 모아 두고, 노후에 막연히 여행이나 골프를 하며 보내게 될 것이라고 생각한다. 그러나 의료기술의 발전으로 인해 평균 수명이 점점 늘어나고 있는 만큼 우리가 준비 없이 맞이하게 되는 시간이 생각보다 꽤 길다는 것을 명심해야 한다.

대부분의 취업 준비생들은 취업 준비 기간을 얼마 동안 가질까? 또 취업을 하고 나서 회사에 적응하는 기간은 얼마나 될까? 많은 대학생들이 학교에 입학한 순간부터 취업을 걱정하기 시작한다. 학교생활에 적응함과 동시에 선배들을 보면서 취업에 대한 생각과 졸업 후의 진로에 대해 고민을 시작할 것이다. 어린 시절부터 다니던 영어 학원이며 고시 학원 등은 대학생들에겐 전혀 낯설지 않다. 으레 다녀야 하는 것으로 생각한다. 취업 후는 어떠한가? 취업을 하고도 직장인은 인사고과며 자기계발을 위해 출근 전에는 영어 학원에 가고, 퇴근 후에는 직무 관련 자격증을 준비한다. 그래서 학원가는 늘 문전성시를 이룬다.

고시 학원들이 밀집되어 있는 학원가 주위에는 사람들이 아주 많다. 연령대도 다양하다. 식당들은 점심시간이면 자리가 부족할 정도다. 누구나 공무원이 되려 하는 것이 요즘 현실이다. 안정적인 직장과 돈 걱정 없는 생활을 위해서다. 모든 사람들이 똑같은 꿈을 꾸다 보니 공무원 시험의 경쟁률은 상당히 높다. 자신이 좋아하는 일인지 또는 잘할 수 있는 일인지 묻지도 따지지도 않는다. 무조건 시험에 합격만 하면 된다.

취업을 위한 준비 기간은 참으로 길다. 정규 교육과정 12년 외에도 4~6년이 더 소요된다. 아이들은 너 나 할 것 없이 영어, 음악, 미술, 체육 등의 사교육을 받으며 자란다. 대학생보다 더 바쁜 사람이 바로 초등학생들이다. 아침부터 저녁까지 스케줄이 빼곡하다.

취업을 위한 기간은 이렇게 긴데 정작 나의 은퇴를 위한 준비 기간이 고작 3개월에서 6개월이면 너무 짧지 않은가? 정년을 다

채우고 은퇴를 한 사람들이야 조금 더 준비할 자금이라도 있겠지만, 명예퇴직이나 희망퇴직인은 준비할 시간과 자본금이 턱없이 부족하다. 이제는 고작 생활을 유지하는 것에만 안주하지 말자. 나를 위해 당당하게 준비하자.

보험에 가입해 본 적이 있는 사람은 한 살이라도 어릴 때 보험 가입을 하는 것이 매월 납입금이 적고 보험의 보장 내용이 많다는 것을 알 수 있다. 나도 어릴 때는 보험의 중요성을 알지 못했다. 암 보험 하나를 어머니가 가입해 준 것이 전부였다. 결혼 후 내가 암 보험 하나만 있는 것을 알고는 남편이 보험에 하나 가입했다. 건강에 문제가 생길 경우를 대비한 보험이었다. 남편과 나의 수입이 넉넉하지는 않았기에 나는 보험 가입을 꺼렸다. 그러나 남편은 보험은 부적과 같은 것이라서 필히 들어야 한다며 결국 보험에 가입했다.

어느 날 갑자기 배가 심하게 아팠다. 옆구리가 끊어질 듯이 아팠다가 괜찮았다가를 반복했다. 그동안 병원을 자주 간 적도 없던 나는 덜컥 겁이 나서 응급실을 찾았다. 소변 검사, 혈액 검사, 방사선 검사를 한 뒤, 의사는 소변에서 혈액이 조금 검출되었으니 내일 다시 비뇨기과로 가 보라고 했다.

첫아이를 낳고 조금 지났을 때였는데, 지금 생각하기로는 아이를 낳는 고통보다 더 아팠던 것 같다. 사실 첫아이를 낳을 때는 무통 주사를 맞아서 많이 아프지는 않았다. 그런데 이날의 통증은 출산의 고통보다 더 심하게 느껴졌다. 다음 날, 비뇨기과 의사와 상담 후 요로 결석이 의심된다는 진단을 받았다. 다행히 치료할 수 있는 병원을 소개받았고 무사히 치료를 마친 후 지금까지 재발하지 않았다. 치료비도 보험 덕분에 환급을 받아 걱정이 없었다. 미리 남편과 상의 후에 보험을 가입했기에 이 병에 대해서는 언제든지 보장을 받을 수 있었다.

살아가면서 우리는 많은 준비를 한다. 여행을 갈 때도 준비 과정이 필요하며, 결혼을 할 때도 많은 준비 과정을 거친다. 이제 우리도 인생 2막을 위해서 본격적으로 준비를 시작하는 것이 어떨까? 이것저것 따지지 말고 눈치 보지 말고 지금 당장 시작하자.

은퇴 준비는 빠를수록 좋다. 한 살이라도 어릴 때 보험에 가입하면 돈도 적게 들고 보장 범위도 마음껏 고를 수 있는 것처럼 하루라도 빨리 내가 하고 싶고 잘할 수 있는 일을 찾아보자. 취미를 가져 보는 것은 어떨까? 이미 취미를 가지고 있다면 그 분야의 전문가가 될 수 있도록 좀 더 노력해 보자. 다른 사람에게 도움을 줄 수 있을 정도로 전문가가 되어 보는 것이다. 나를 위해 내가 가진 시간들을 할애해 재미있게 삶을 바꿔 보자. 그리고 같은 관심사를 가진 사람들과 교류하자. 우리는 앞으로 살아가야 할 시간이 아직 너무 많다. 그 시간들을 함께할 사람들을 빨리 만나보자.

03

은퇴 계획을 미리미리 세워라

열망을 실현하기 위해 명확한 계획을 세우고 즉시 시작하라.
준비가 됐건 아니건 이 계획을 실행에 옮겨라.

- 나폴레온 힐

"계획 없는 목표는 한낱 꿈에 불과하다."

《어린 왕자》의 작가 생텍쥐페리의 말이다. 여행의 목적지가 결정되면 계획을 세워야 한다. 주변에 어떤 볼거리가 있는지, 교통은 어떻게 이용해야 하는지, 관광지의 입장료와 숙식비는 어느 정도 드는지, 숙박은 어디서 할 것인지 등의 계획을 짜는 것이다. 새로운 상황을 즐기고 낯선 상황에 자신을 내던지는 것도 여행의 묘미 중 하나지만, 대략적인 큰 틀을 세워야 어디로 가야 할지 몰라 헤매거나 우왕좌왕하다 시간을 헛되이 쓰게 되는 경우가 없을 것이다. 사전 준비가 철저한 여행의 질은 확연히 달라질 수밖에 없다. 가야 할 곳을 미리 정한다면 그 장소에 대한 이야기나 역사를 알아보고 갈 수 있으므로 그만큼 더 보이고 더 많이 들을 수 있게 되어 여행의 의미가 한층 더 크게 다가올 것이다.

2016년, 55세에 행복한 은퇴를 선언한 한의사 오 원장. 그는 노후 준비를 위해 10년 전부터 계획한 것이 완성되자 자신 있게 은퇴를 선언했다.

"1999~2000년 의약 분업으로 나라가 떠들썩할 때 의학계 차원에서 수가 조사를 했는데 그때 깜짝 놀랐어요. 막연히 노후에는 경제적으로 어려움 없이 살겠구나 싶었는데, 건강보험제도와 의약 분업 등으로 의사들의 수입이 급감하고 있었죠. 의사의 앞날이 만만치 않을 것임을 깨달았습니다."

오 원장은 한의원 개업 초기에 대부분의 개원의가 그렇듯 빚을 많이 지고 시작했다. 그래서 검소한 생활을 하고 점심은 집에서 싸 온 도시락을 먹고 출퇴근도 대중교통을 이용했으며 진료비 소득 외에 산후조리원이나 요양원 등에서 아르바이트도 했다. 정년이 없을 것 같은 한의사였지만 나이가 들어서 경제적 목적으로 진료를 하는 것은 행복하지 않을 것 같아 미리 노후 준비를 해 온 것이다. 빚이 조금씩 줄어들기 시작하면서 그는 경제 공부와 함께 부동산 재테크에 눈을 돌렸고, 종신보험에 가입해 노후를 대비하기 시작했다. 의학계의 재테크 안내서도 펴낸 오 원장은 은퇴하면 무엇을 할 거냐고 묻는 질문에 가족들과 많은 시간을 함께하면서 아르바이트와 저술 활동을 더 열심히 할 것이라고 대답했다.

사람들이 흔히 말하는 '사' 자 들어가는 직업을 가진 오 원장이었지만, 그는 나이가 들어서도 돈 때문에 일을 계속해야 한다면 행복하지 않을 것이라고 확신했다. 그래서 은퇴를 선언하기 10년 전부터 꾸준히 노후 준비를 해 왔고, 경제적 목적이 아닌 행복한 삶을 살기 위해 공부를 시작했다.

"당신은 은퇴를 기다리는 중인가?"

"정년을 다 채우고 은퇴할 수 있을 것인가?"

이러한 물음에 대해 "아니다."라고 대답한다면 은퇴 준비에 관한 계획을 세워야 한다. 은퇴 후 당신이 진정으로 원하는 삶을 생각해 보라. 막연히 '여행을 하며 보내야지'가 아닌, 구체적으로 내가 하고 싶은 일을 나열해 보자. 예를 들면, 프랑스의 개선문 앞에서 사진 찍기, 농장에서 텃밭 가꾸기, 한 달에 책 5권 읽기, 블로그에 책 서평 쓰기 등과 같이 구체적으로 하고 싶은 것을 적어 보자. 그리고 그 옆에 그것을 하고 싶은 이유도 함께 적는다.

그 뒤에 세부적인 내용들을 추가해 보자. 예를 들면 '프랑스의 개선문 앞에서 사진 찍기' 아래에 여권 만들기, 프랑스행 비행기표 사기, 프랑스 관광지도 받기, 같이 갈 친구 정하기 등 구체적인 세부사항을 추가하는 것이다. 그러면 하고 싶은 일을 쉽게 이룰 것 같은 기분이 들고 때로는 벌써 이룬 것처럼 느껴질 것이다. 여기에 구체적인 날짜까지 더한다면 한층 계획이 확고해지고, 머릿속에 또렷이 각인될 것이다.

[예시] 은퇴 준비 계획

하고 싶은 일	세부사항	날짜
프랑스 개선문 앞에서 사진 찍기 (은퇴 준비의 시작을 알리는 장소)	여권 만들기	2018. 09. 05
	프랑스행 비행기 표 구매	2018. 09. 10
	프랑스 관광지도 받기(프랑스 영사관)	2018. 09. 16
	같이 갈 친구 정하기	2018. 09. 21
농장에서 텃밭 가꾸기	…	…

내용을 다 적었다면 매일 각인시키기 위해 인쇄를 해서 책상 앞에 붙이자. 더불어 개선문 사진도 출력해서 옆에 같이 붙여 주면 더욱 생생하게 인식될 것이다. 은퇴 계획을 짜는 일은 이렇게 쉽게 시작할 수 있다. 너무 어렵게만 생각하고 '돈이 없는데 될까?'라고 미리 생각하지 말자. 걱정은 접어 두고 내가 하고 싶은 일에만 집중하자. 그리고 적은 것을 항상 몸에 지니고 다니면서 상기하자. 요즘은 기술의 발달로 항상 들고 다닐 수 있는 스케줄러가 있다. 바로 스마트폰이다. 스마트폰을 이용해 나의 계획들을 메모해 놓자. 계획표 앱 등을 설치해 사용하는 것도 좋다.

간단하게 시작한 계획표지만 하나둘 모이다 보면 내가 원하는 은퇴 생활이 그려지게 된다. 조금씩 하고 싶은 일들이 달성되고 나면 자신감이 생기면서 더 큰 목표들이 나타나게 될 것이고, 하나둘씩 이루어진 목표들을 보면서 설렘과 기쁨, 행복감 등을 느끼며 내가 살아 있음을 다시 실감하게 될 것이다.

1979년 하버드 대학교에서 계획의 중요성에 대한 실험을 했다. 경영대학원의 졸업생들에게 "명확한 장래 목표를 설정하고 기록한 다음, 그것을 성취하기 위한 계획을 세웠는가?"라는 질문을 했는데, 졸업생의 3%만이 목표와 계획을 세우고 기록했고, 13%는 목표는 있었지만 기록하지는 않았다. 나머지 84%는 구체적인 목표를 정하지 않고 막연히 졸업 후에 휴가를 즐기겠다고만 대답했다.

10년 후 사회인이 된 졸업생들을 다시 인터뷰하자 구체적인 목표를 정하지 않은 84%의 졸업생에 비해 명확한 목표를 가지고 있었던 3%의 졸업생의 수입이 약 열 배 이상 높았다. 또한 목표를 기록하지 않았던 13%의 졸업생도 구체적인 목표가 없던 84%의 졸업생에 비해 약 두 배 이상 수입의 차이가 있었다. 수입만으로 모든 것을 판단할 수는 없지만 이 실험을 통해 목표와 계획을 세우고 기록하는 것이 얼마나 중요한지 알 수 있다.

은퇴를 기다리기보다 미리 계획을 세워라. 이제까지 목표를 세우고 계획하지 않았다면 당장 실행해 보라. 실행 가능한 쉽고 작은 목표부터 계획을 세워 적어 보자. 작은 목표들이 계속 이루어지면 성취감으로 인해 자존감이 상승하고 더 큰 목표와 계획이 생각날 것이다. 작은 목표들이 성취되면 더 큰 목표에도 도전해 보자. 조금씩 발전하는 자신의 모습을 마음속에 그리며 할 수 있다는 자기 최면을 강하게 걸어 보자.

04

자신을 돈 버는 기계로 만들지 마라

습관을 조심하라. 운명이 된다.

– 마가렛 대처

부산 범일동에는 로또 명당이라는 복권 판매점이 있다. 복권 추첨이 있는 토요일이면 그곳은 항상 문전성시를 이룬다. 1등이 32명, 2등이 78명이나 되는 당첨 기록이 복권 판매점의 유리창에 붙어 있다. 가끔 주말에 자동차를 타고 가다 보면 사람들이 판매점 앞에 줄을 지어서 복권을 사기 위해 기다리는 모습을 볼 수 있다. 당첨 확률이 매우 낮은 것은 알지만 사람들은 당첨되기 전까지의 설렘과 당첨되었을 때의 희열을 맛보기 위해 시간과 돈을 쓰는 것이 아닐까 생각한다.

돈은 생계유지와 더불어 하고 싶은 것을 마음대로 할 수 있도록 해 주는 수단이다. 누구나 돈은 많으면 많을수록 좋다고 한다. 경제적으로 풍요로우면 여유 있는 삶을 누릴 수 있기 때문이다.

이렇듯 돈은 수단이지 목적이 될 수는 없다.

돈이 목적이 되어 버린 삶은 어떤 것일까? 돈을 가지기 위해 인간의 윤리를 저버리고 파렴치한 행동을 일삼아도 모든 것이 합리화되는 삶일 것이다. 인성이나 사회의 도덕과 윤리에 매우 어긋나는 삶이다. 이러한 삶을 산다면 여유로움과 풍족함을 전혀 느낄 수 없을 것이다.

나우리 부설 부부가족상담소 소장 이서원 교수는 '내가 돈 버는 기계냐?'라는 주제로 상담을 진행했다. 부부 상담을 진행하면서 직장을 다니는 남편들이 겪는 일들을 많이 들었다. 경제협력개발기구(OECD)의 조사에 따르면 우리나라 근로자들의 근로 시간은 일 년에 2,200시간 이상으로 매우 길다. 다른 나라는 평균 1,770시간 정도로 현재 우리나라가 1위를 달리고 있다. 많은 시간을 일하는 데 보내고 나니 집에 오면 쉬고 싶은 마음이 간절하다. 그러나 아내의 입장에서는 남편이 퇴근하면 대화도 좀 하고 주말이면 가족들과 함께 여행도 가길 원한다. 물론 평일에는 자녀들도 돌봐 주어야 한다.

최근 결혼 적령기의 남자들이 결혼하지 않으려 한다는 통계가 있다. 1980년대에는 한 해 결혼 건수가 40만 건이던 것이 요즘은 30만 건으로 줄었다.

나의 남편도 직장을 다니면서 돈을 벌지만 가족들에게 소외되는 느낌이 들 때면 자신이 돈 버는 기계라는 생각이 종종 든다고 했다. 직장에 하루 종일 매여 있다 보면 아이들과의 시간을 가질 수 없는 것이 현실이다. 퇴근하고 집에 돌아오면 저녁을 먹고서는 아이들과 놀아 줄 시간도 없이 자야 할 시간이 된다. 주말은 경조사 참여 등 여러 가지로 바쁜 일들이 생긴다. 자투리 시간이라도 가족들과 몸으로 부딪히며 지내야 한다.

우리 가정도 둘째가 태어난 이후로 외벌이 가정이 되었다. 나는 결혼하기 전에 한 가정을 꿈꾸면서 가족은 어떠한 일이 있어도 떨어져 살면 안 된다고 생각했다. 왜냐하면 결혼하고 나서도 직장 때문에 떨어져 사는 주말 부부들을 주위에서 보았기 때문이다. 물론 최근에는 주말 부부가 매우 흔한 풍경이 되었다. 직장을 구하는 것도 쉽지 않은 일이기에 오죽하면 떨어져 살자고 했을까 싶어 매우 안타깝다.

EBS 〈아버지의 귀환〉이라는 프로그램에 유현상, 최윤희 부부가 나온 적이 있다. 1980년대 최고의 록 가수와 아시아의 인어라 불리는 수영선수의 결혼으로 당시 큰 화제가 됐었던 부부다. 13살의 나이 차이를 극복하고 결혼식을 올린 후, 유현상 씨는 두 아들의 유학비를 벌기 위해 24년의 결혼생활 중 무려 16년 동안 아내, 아이들과 떨어져 기러기 아빠로 지냈다. 이제는 두 아들이 장성해 아내인 최윤희 씨가 남편 곁으로 완전히 돌아왔지만 유현상 씨의 직업이 가수이다 보니 타지에서 공연이 많아 늘 서로 떨어져서 지내고 있었다. 어느 날 부부가 같이 집에 있는 장면이 나왔는데, 어색한 기운이 화면 밖으로도 느껴졌다. 식사를 할 때도 반찬이 마음에 들지 않는다거나 남편이 다정한 말을 건넬 때 아내가 왜 그러느냐며 어색해하는 장면들이 이어졌다.

나는 그들을 보면서 '하루 이틀도 아니고 어떻게 10년 이상을 떨어져서 지낼 수 있을까?'라는 생각이 들었다. 그들이 어떻게 긴 세월을 버텼는지는 자세하게 알 수는 없지만 안타까운 마음에 가슴이 아렸다. 방송에 나온 부부의 모습은 나의 부모님과는 사뭇 달랐다. 티격태격하면서도 어머니는 무심한 아버지를 살뜰히도 챙긴다. 예전에 비해 아버지도 조금 변하셨지만 그래도 경상도 남자라 무뚝뚝하다. 두 분은 몸이 아파 병원에 입원했을 때 빼고는 한시도 떨어져 지낸 적이 없다. 결혼 초에는 심하게 다투기도 했지만 45년 이상을 한집에서 지냈다.

유현상 씨는 아이들의 유학비를 벌기 위해 음악 장르를 록에서 트로트로 바꾸기까지 했다. 트로트가 돈이 된다는 이유에서였다. 자신이 꿈꾸는 노래는 아니지만 노래를 하는 것 자체에 위안을 삼으며 공연을 하고 있었다. 방송 인터뷰에서 그는 가족과 떨어져서 살다 보니 아이들이 자라면서 보여 주는 예쁜 모습들을 보지 못했다고 하소연했다. 왜 그렇게 살아야만 했을까? 아이들이 아버지라고 다가가서 말이나 서로 붙일 수 있을까? 아버지의 존재를 몸으로 느끼지 못한 아이들은 제대로 어린 시절을 보냈다고 자신 있게 말할 수 있을까? 나의 일은 아니지만 불안하고 가족의 온기가 느껴지지 않았다.

자신을 스스로 가족으로부터 소외시키고 있지는 않은지 살펴보자. 가족들에게 간단히 물어보는 것만으로도 충분하다. "나와 같이 있는 시간이 편안해? 아니면 불편해?" 그리고 자신도 가족과 함께 있을 때 편안함을 느끼는지 아니면 조금이라도 불편함이 느껴지는지 확인하자. 종이에 간단히 써 보는 것도 좋다. 만약 서로 불편함이 느껴진다면 무엇 때문에 그런 건지 고민해 보자. 그리고 고민을 해결할 방법이 있는지 알아보자.

가족은 서로 아껴 주고 사랑하는 사이다. 부모는 자식에게 무조건적인 사랑을 베풀고 남편과 아내는 이미 사랑으로 맺어진 사이인 것이다. 가족이 서로 이해하지 못한다면 어느 누구를 이해할 수 있으며, 어느 누가 나를 이해해 주기를 바랄 것인가? 가정을 화목하게 만드는 것은 돈만 많이 번다고 되는 것이 아니다. 세상을 살아가는 일과 가정을 이끌어 가는 것은 별반 다르지 않다. 무엇이든 한쪽으로 치우치는 삶에 문제가 생기기 마련이다. 서로를 바라봐 주고 힘들면 힘들다 이야기하자. 서운하면 서운하다 가족들에게 말하자. 더 많이 안아 주고 사랑한다 말해 주자. 가정이 건강해야 나도 행복하다. 스스로를 돈 버는 기계로 만들어 가정에서의 고립을 자초하지 말자.

05

회사는 당신의 정년을 책임지지 않는다

독립할 마음이 없다면 아무것도 시작하지 말라.

- **쿠사카 키만도**

당신의 회사는 정년이 몇 세인가? 주위에 정년이 얼마 남지 않은 상사들이 있을 것이다. 이태백(20대 태반이 백수), 삼팔선(38세에 퇴직 여부 선택), 사오정(45세에 정년퇴직), 오륙도(56세까지 직장에 다니면 도둑), 육이오(62세까지 직장에 다니면 오적)라는 신조어가 생길 정도로 직장인들 사이에선 퇴직 문제가 단연 화두다.

실무노동용어사전을 보면 정년의 의미는 다음과 같다.

"정년제도란 근로자가 일정한 연령에 이르면 노사 당사자의 의사와 관계없이 근로관계가 종료되는 제도를 말하고 그 일정한 연령을 정년이라고 말한다. 종신고용제 아래 연공임금을 전제로 하는 노무관리에서 고임금·고연령 근로자를 배제하고 인사의 신진대사를 제도적으로 확보하려는 데 그 취지가 있다."

퇴직과 관련된 신조어들이 늘어나는 만큼 우리는 정년을 어떻게 바라봐야 할까? 구직자는 늘어나는데 일자리는 줄어들고 직장인들은 점점 더 설 자리를 잃어 가고 있다. 또한 의료기술의 발달로 수명이 늘어나면서 노후를 어떻게 보내야 하는지도 지대한 관심의 대상이 되었다.

정년 보장이 확실하다고 여겨지는 직업으로는 아직도 공무원이 1순위다. 대학에 입학하면서 대부분의 대학생들이 공무원이 되기 위해 학원을 다니며 공무원 시험에 매달리고 있다. 그러나 이제는 공무원도 정년보장, 칼퇴근, 퇴직연금이라는 3대 버팀목이 휘청거리고 있다. 〈이데일리〉 정태선 기자는 2016년 4월 "[나는 공무원이다] 정년보장·칼퇴근·퇴직연금…3대 버팀목 '휘청'"이라는 기사를 통해 공무원의 어두운 실상을 보도했다.

"지난해 11월 실리콘으로 만든 가짜 손가락을 이용해 시간 외 근무수당을 부당하게 받아 챙긴 소방공무원들이 적발돼 충격을 줬다. 부하 직원에게 시켜 지난 한 해 동안 각각 300여만 원의 초과 근무수당을 챙긴 2명은 해임됐고, 실리콘 지문을 만들어 준 소방공무원은 정직 1개월, 대리 체크를 해 준 8명은 견책 처분을 받았다. 세금으로 지급되는 수당을 더 타내기 위해 공무원들이 조직적으로 범죄를 저질렀다는 점에서 국민적 공분을 샀다."

공무원은 국민들의 세금을 받으며 세금으로 나라의 일을 하는 직업으로, 일반인들에 비해서는 도덕과 윤리가 좀 더 요구되는 것이 사실이다. 법을 더 잘 지켜야 하는 공무원들이 수당을 더 받아 내기 위해서 불법을 자행하고, 또 부하 직원을 시켜서 자신의 욕심을 채우려 한 것이 국민들의 지탄을 받은 것이다.

기사는 무엇 때문에 공무원들이 수당을 더 타려고 했는지도 설명했다. 법에 어긋난 일인 줄 알면서도 수당을 더 받아야만 하는 이유가 있을 수도 있다. 하지만 열심히 시간 외 수당을 벌기 위해 불철주야 일하는 공무원도 있음을 생각해야 할 것이다.

일반적인 사기업은 머지않아 곧 당신에게 구조조정의 칼날을 들이댈지도 모른다. 그렇다면 당신은 어떻게 할 것인가? 당신만의 방패를 가지고 있는가? 2012년 10월 〈산업뉴스〉에서 정년 연장에 대해 대기업 300곳을 대상으로 설문조사를 실시했는데 정년 연장을 위한 고령자고용촉진법이 부담스럽다고 한 기업이 87.2%나 되었다. 그리고 청년고용의무화도 71.7%의 기업에서 부담이 된다고 답했다. 정년 연장과 청년의 일자리를 마련하기 위한 법안이 벌써 기업에게 부담으로 다가갔다고 하니 직장인들의 정년 연장과 미취업 청년들의 설 자리가 좁아지지 않을까 걱정이 앞섰다.

2016년부터 기업들이 부담스럽게 여겼던 법령이 단계적으로 실시되면서 구조조정의 칼날에 누구도 피해갈 수 없게 되었다. 구조조정과 함께 쓰나미처럼 몰려오는 것이 있다. 바로 금융 위기다. IMF의 금융 위기를 넘긴 지 10년이 지났지만 제2의 금융 위기가 닥쳐올 수도 있다. 회사만 믿고 살기에는 두려움을 떨칠 수 없다. 회사 탓만 하면서 우리의 인생 2막을 보낼 순 없다.

이런 걱정을 해소하려면 어떻게 해야 할까? 탄탄한 인맥이 있으면 좋고 모아 놓은 돈이 많으면 더 좋다. 당신의 능력과 실력이 출중하다면 금상첨화다. 셋 중에 하나만 있어도 괜찮다. 그러나 나에겐 3가지 중 하나도 주어지지 않았다. 온전한 내 몸과 긍정적인 정신, 컴퓨터를 사용할 수 있는 능력이 전부다. 여기서부터 나는 시작하려 한다. 혹시 이 책을 읽는 독자도 나와 같은 상황이라면 실망하지 말자.

《직장을 떠날 때 후회하는 24가지》의 저자 조관일 박사는 이렇게 말했다.

> "조직은 당신 한 사람만을 위해서 존재하지 않습니다. 그렇다고 당신이 그 회사의 유일한 대안인 것도 아닙니다. 당신 없이도 회사는 잘 굴러갑니다. 또 당신이 없더라도 회사는 잘 굴러가야 합니다. 일정 기간 동안, 또는 일정 범위 내에서는 조직이 당신을 보호하는 큰 울타리 역할을 해 줍니다. 그러나 그런 조직의 역할에는 한계가 있고 시효가 있습니다."

조직은 조직일 뿐이다. 조직을 사람으로 보면 안 된다. 회사의 입장에서 당신은 하나의 조직원일 뿐이다. 기대가 클수록 실망도 크다 했던가. 회사에 대한 당신의 기대는 어느 정도인가? 처음 입사했을 때를 생각해 보자. 취업난 속에 한 회사에 당당히 들어간 것만으로도 주위 사람들의 부러움을 샀을 것이다. 그곳에서 근속기간이 늘거나 혁혁한 공로를 세워 승진했을 때 당신이 얼마나 위풍당당했는가?

세월은 순식간에 흘러 이제 업무에 적응할 즈음이 되었는데 조직은 새로운 혁신이 필요하다며 나가 달라고 한다. 기대하며 살았던 자신이 무참히 짓밟히는 느낌이다. 그때서야 '이건 뭐지? 내가 얼마나 회사에 목숨 바쳐 일했는데!'라고 외쳐 봐야 헛일이다. 왜 나한테 이러냐고 하소연해 봤자 조직의 싸늘한 시선만 되돌아올 뿐이다.

회사를 키우는 것에만 열정을 쏟지 말고 나의 역량도 같이 키울 수 있는 방안을 마련해야 한다. 회사가 어느 때건 떠나 달라 말하면 쿨하게 '그래, 안녕' 하고 뒤돌아보지 말고 나올 수 있어야 한다. 정년에 목매지 말고 스스로의 가치를 높여 자신의 인생을 책임져야 한다. 나의 역량을 키우기 위해 무엇부터 시작할 것인가? 지금 당장 내가 서 있는 자리에서 할 수 있는 것을 찾아라. 업무를 원활히 하기 위한 당신만의 방법을 제시할 수 있는가? 다른 사람들이 필요로 하는 정보나 지식 및 경험을 보유하고 있는가? 내가 직접 재배하거나 만들어서 팔 수 있는 물건이 있는가? 주위를 살펴보면 분명 내가 할 수 있는 것이 하나 혹은 여러 가지가 있을 것이다. 그중 하나에 집중해서 정보와 지식 및 경험을 정리해 보자.

내 삶의 주인은 회사가 아닌 나 자신이다. 나의 역량을 키울 수 있는 목표를 찾았다면 목표를 향해 회사를 키우듯이 나를 키워 보자. 나는 유일무이하다. 어느 누구도 나와 똑같을 순 없다. 이제 다음과 같이 외쳐 보자.

"회사는 나의 정년을 책임지지 않아도 된다. 내가 스스로 책임질 테니까. 회사야! 그동안 나를 책임지느라 고생했다. 이제 나는 내가 책임진다. 고맙다!"

한결 마음이 가볍지 않은가? 그리고 다가올 미래가 찬란한 빛으로 물들 것 같지 않은가? 지금 이 순간 이후 당신의 미래는 분명 빛날 것이다.

06

정년 보장은 미리 하는 은퇴 공부에 달려 있다

자신이 좋아하는 일을 할 것, 독립성, 근면함, 배우는 자세가 성공의 지름길이다.

– 베르톨트 울자머

요즘은 평생 학습의 시대다. 의학의 발달로 평균 수명은 점점 늘어나고 있고, 정년이 지나 은퇴를 하고도 살아가야 할 시간이 약 10만 시간이나 된다. 이토록 긴 시간 동안 당신은 무엇을 하며 보낼 것인가?

나의 남편은 23년 차 직장인이다. 한 직장에서만 무려 20년 넘게 넘게 다니고 있다. 약 1시간 반 정도의 출퇴근 거리를 매일 오가며 가족을 위해 돈을 벌고 있다. 추운 겨울 새벽, 그날도 어김없이 출근 준비를 마치고 깜깜한 아파트 단지를 뒤로하고 걸어가는 남편의 뒷모습을 베란다에서 지켜보았다. 그날은 유난히 남편의 어깨가 무거워 보였다. 깜깜한 거리를 황급히 뛰어가던 모습이 지금도 내 머릿속에 남아 있다.

남편을 회사에서 졸업하게 해 주고 싶었다. 나는 아이들만 키우고 있던 주부였지만 사랑하는 사람이 고생하는 모습이 안쓰러웠다. 회사로부터 멀리 이사를 오자고 해서 더 힘들어진 것 같아 마음이 무겁기도 했다. 그래서 가끔은 장난스럽게 말하곤 했다.

"당신 퇴직하면 그때부터는 내가 당신을 먹여 살릴 테니 걱정 마요."

이 한마디에 남편은 살며시 웃었다.

퇴직하면 우리는 도대체 무엇을 하며 남은 생을 보낼 것인가? 여러 가지 생각이 꼬리에 꼬리를 물기 시작했다. 흔히 은퇴 준비라고 하면 경제적인 준비만 생각하는 사람들이 대부분이다. 그러나 경제적인 준비만으로는 부족하다. 옛말에 "돈은 돌고 도는 것이다."라고 했던 것처럼 돈은 있다가도 없을 수 있고 없다가도 생길 수 있다. 경제적인 준비도 필요하지만 더 우선시 되어야 하는 것이 마음의 공부다. 자의식을 통한 의식 성장이 병행되어야 자산이 줄거나 늘어나도 흔들림 없는 삶을 살 수 있다. 또한 타인에 의해 나의 삶이 휘둘리는 것을 막을 수 있다. 미리 하는 은퇴 공부의 시발점은 행복한 마음과 고마운 마음을 표현하는 것으로 시작하자. 가족에 대한 고마움과 행복함을 노트에 적어 보자. 그리고 여기까지 아무 탈 없이 와 준 나 자신에게도 기쁨과 고마움을 표현하자.

2016년 1월 KTV 국민방송 〈은퇴가 두렵다…반퇴세대의 고민은?〉을 보면 여러 사람들의 인터뷰 내용이 나온다.

"집에 있으니까 시간 보내기도 힘들고, 우울증도 걸릴 것 같고, 아침에 일어나면 뭘 하면서 시간을 보내야 하지 하는 생각 때문에…."

"제가 사업을 시작했는데, 마음대로 잘 안 되더라고요. 그래서 그것을 그만두고, 놀 수는 없으니 다시 직업을 가져야겠다 생각 중인데…."

"옛날에는 노후대책이라는 게 별로 없었잖아요. 요즘엔 노후대책들을 많이 생각하는데, 예전엔 그런 게 없었기 때문에 지금 경제적으로 놀기도 힘들어요."

대부분의 사람들은 경제적으로 풍요하건 그렇지 않건 간에 나에게 남겨진 시간을 주체할 수 없는 것에 대한 두려움을 갖고 있다. 그 이유는 나를 되돌아보고 내가 어떤 이유로 살고 있는지, 무엇을 하고 싶은지에 대한 깊은 성찰이 없었기 때문이다. 나 또한 이 책을 쓰기 전까지는 그러한 이유를 알지 못했다. 바쁜 생활 속에 쫓고 쫓기며, 사는 대로 생각하고 현실과 타협하며 안주하면서 살아온 결과가 아닐까? 앞으로 인생 2막을 멋지게 살아갈 수 있도록 내가 진짜 하고 싶은 공부를 찾아보자.

《직장을 떠날 때 후회하는 24가지》의 저자 조관일 박사는 회사가 언젠가 당신을 배신할 수밖에 없으니 이제라도 딴 주머니를 차라고 말한다. '딴 주머니'란 경제적 여유와 능력을 말한다. 경제적 주머니란, 월급을 받을 동안이라도 돈을 아껴서 경제적으로 자립할 수 있도록 재테크를 하는 것이다. 능력 주머니란, 회사를 다니는 동안 조직에 공헌할 수 있는 방향으로 자기계발을 해 회사가 자신을 먼저 선택하도록 역량을 키우는 것을 말한다.

자신의 주위를 항상 살피고 연구하자. 내가 가진 자산으로 할 수 있는 범위 내에서 재테크와 자기계발을 게을리하지 말아야 한다. 내가 가진 역량은 나만이 키울 수 있다. 내가 나서서 내 삶을 개척해야 한다. 간단히 할 수 있는 방법도 많다.

우선 노트에 하고 싶은 일 몇 가지를 적고 방법을 생각해 보자. 인터넷에서 강의 영상과 자료를 찾아서 스크랩하고, 관련 있는 블로그와 카페에도 가입해 정보를 얻자. 또 관련 서적을 검색하고 구매해서 읽어 보자. 인터넷에는 평생 동안 봐도 모자를 수많은 정보들이 넘쳐난다.

2년 전 가족들과 호주 여행을 다녀왔다. 관광지로 유명한 블루마운틴을 방문했을 때 가이드가 블루 마운틴이 얼마나 넓은지 아직도 사람의 발길이 한 번도 닿지 않은 곳이 있다고 했다. 몇 세기가 흐르는 동안 지구상에 사람의 발길이 닿지 않은 곳이 있다니 참으로 놀라웠다. 또 한편으론 부럽기도 했다. 좁은 우리나라 땅에 사람의 발길이 닿지 않은 곳이 과연 있을까? 땅은 좁고

인구는 많은 우리나라와 비교가 되었다.

호주의 광물자원에 대한 이야기도 가벼이 들리지 않았다. 우리나라는 지하자원이 거의 바닥이기 때문이다. 그런데 호주인들은 후세를 위해서 광산을 일부러 폐쇄했다고 한다. 남겨진 자원은 자녀 세대에서 유용하게 쓰이길 바라기 때문이라고 했다. 그런데 우리나라는 어떠한가? 현재 쓰는 것도 모자라 많은 자원을 수입해 사용한다. 그 때문에 제품의 가격은 덩달아 올라가고 남겨 줄 자원도 거의 없다. 가난한 부모를 욕하자는 것이 아니다. 호주인들의 그런 정신을 본받자는 이야기다.

우리는 자녀 세대에 무엇을 남겨 줄 것인가. 지금 당장 우리의 삶이 팍팍해 남겨 줄 것이 마땅히 없다고 해도 마음만은 풍요로움을 잃지 말았으면 한다. 풍요로운 가슴으로 자녀들을 마음껏 안아 주고 사랑해 주고 서로 고마운 마음을 나누자. 부족한 경제력은 결코 흠이 될 수 없다. 꿈이 있는 사람은 결코 힘들거나 좌절하지 않는다. 어떻게든 포기하지 않고 꿈을 위해 노력할 것이다.

대한민국 엄마들의 정보력은 남다르다. 자녀들의 성적을 위해서라면 모든 것을 불사한다. 나의 큰아들은 초등학교 6학년이다. 가끔 엄마들의 모임에 참석하면 온통 자녀들의 학원 정보와 학교에 대한 이야기가 주를 이룬다. 그런 모임에서 나 혼자 소외된 느낌을 받기도 한다. 아들 친구 엄마들은 사설 학원이 주최하는 설명회를 주로 다닌다. 거기서 자신의 자녀와 학업 스타일이 맞는지 검토하고 상담 받으며 자녀의 스케줄을 관리한다. 그들의 관심은 온통 자녀의 학업 성적 향상에 있기 때문이다.

자원이 부족한 나라에서 기댈 곳이라고는 지식을 습득해 인적 자원을 키우는 것이다. 나라에서도 이를 적극 권장했었다. 너도나도 자식을 대학 공부시키기 위해 가진 것을 다 팔아 학비에 보탰다. 공부는 최소한의 투자였다. 자원이 부족한 나라에서 할 수 있는 최소한의 투자인 것이다. 현재 나에게도 최소한의 투자가 필요하다. 미래를 준비하고 다른 사람들을 도울 수 있는 직업을 마련하는 것뿐만 아니라 다른 이들과 더불어 성장할 수 있는 최소한의 공부를 시작해야 한다.

미리 은퇴를 공부하는 사람에게는 정년이 없다. 내가 하고 싶은 일을 찾고 잘할 수 있도록 공부하고 남을 도울 수 있는 방법을 모색한다면 삶에 정년이라는 단어가 무색해질 것이다. 나를 필요로 하는 사람들이 무수히 늘어날 것이기 때문이다. 나와 같이 도움을 필요로 하는 사람들을 도와주며 살아가자. 사람들에게 도움에 대한 고마움을 메시지나 육성으로 듣게 된다면 당신은 또 다른 행복을 맛보게 될 것이다.

07

은퇴 후의 버킷리스트를 작성하라

희망차게 여행하는 것이 목적지에 도착하는 것보다 좋다.

– **로버트 루이 스티븐슨**

친한 친구들과 혹은 사랑하는 연인과 여행을 가기로 했다. 그때 당신의 기분은 어떨까? 무척 설레고 흥분되지 않을까? 앞에서 우리는 자신이 하고 싶은 일이 무엇인지 생각하고 노트에 적어 보았다. 스크랩도 하고 책도 구매했다. 먼저 공부한 이들의 카페도 방문했다. 자료 수집이 더 필요하다면 얼마든지 본인의 탐색법을 이용해서 찾아보자.

내가 대학을 다니고 있을 때는 해외여행을 다녀오는 것이 유행처럼 번지고 있었다. 부모님께 용돈을 받던 처지라 해외여행을 할 수가 없었던 나는 평소 가고 싶었던 호주 여행책을 샀다. 캥거루가 뛰어다니는 곳, 오페라 하우스를 비롯한 멋진 건축물들과 자유를 만끽할 수 있는 곳… 나에게는 호주가 드림랜드였다. 호주

여행책을 사고 책장을 한 장씩 넘기던 나는 책을 읽는 것이 아니라 마치 여행을 가는 것처럼 상상에 빠졌다. 지하철 노선도를 보며 표를 구입하고 지하철을 타고 여러 여행지를 다녔다. 처음으로 외국의 어느 한 거리에 서 있는 나를 상상하며 그렇게 나의 첫 해외여행을 책을 통해 이루고 있었다.

어떤 목표가 생기면 자료 수집을 하게 되고, 수집된 자료를 보면서 마치 내가 그 목표를 이미 달성한 듯한 착각에 빠지게 된다. 이로써 목표에 한 발짝 더 나아간 나의 마음과 몸은 서로 일치를 이루게 되었다.

《내가 상상하면 꿈이 현실이 된다》의 김새해 작가는 이렇게 말했다.

"매일 꿈을 향한 작은 목표들을 이루어 나가면 멀게 느껴지는 목표도 곧 가까워진다. 그러므로 성공을 위한 가장 중요한 습관은 매일 작은 목표를 세우는 일이다. 큰 꿈들을 토막 내어 당장 이룰 수 있는 작은 꿈들로 만드는 것이다. 수년간 이런 습관을 가지고 살아온 사람들은 정말 믿기 어려울 정도의 놀라운 효과를 체험한다."

많은 아이들이 어릴 때 피아노 교습을 받는다. 부모들은 왜 이렇게 너도나도 아이들에게 피아노를 가르치는 걸까? 다른 아이들도 다 하니까 우리 아이도 뒤처지지 않기 위해서 시키는 걸까? 아니다. 어릴 때 피아노 교습을 시키는 이유는 정서적 안정을 얻고 작은 성취감을 고취시키기 위해서다. 피아노 교본의 악보를 한 장씩 연습하다 보면 어느새 아이는 동요 한 곡을 연주할 수 있게 된다. 피아노 선생님의 격려와 칭찬에 자신감을 가지며 나도 할 수 있다고 자연스럽게 생각하게 되는 것이다. 성공했다는 성취감을 미리 맛본 아이들은 학교 공부에서도 다시 그 성취감을 맛보기 위해 열심히 공부를 하게 된다. 단, 피아노를 배우기 싫은 아이를 억지로 시켰을 경우는 결과가 달라질 수도 있다.

김새해 작가처럼 목표를 향한 방법들을 잘게 쪼개어서 노트에 적어 보자. 지금 내가 할 수 있는 것들이 분명히 있을 것이다. 천리 길도 한 걸음부터라고 하지 않던가. 작은 목표들을 성취하다 보면 어느새 나의 원대한 목표가 이루어져 있을 것이다.

버킷리스트란 죽기 전에 꼭 해 보고 싶은 것들을 적은 목록이다. '죽다'라는 뜻으로 쓰이는 속어인 '킥 더 버킷(kick the bucket)'에서 만들어진 말이다. 중세 시대에는 교수형을 집행하거나 자살할 때 올가미를 목에 두른 뒤 뒤집어 놓은 양동이(bucket)에 올라간 다음 양동이를 걷어참으로써 목을 맸는데 여기서 '킥 더 버킷'이라는 말이 유래했다고 한다.

2007년 개봉한 영화 〈버킷 리스트〉가 상영된 후부터 '버킷리스트'라는 말이 널리 사용되기 시작했다. 영화는 죽음을 앞둔 두

주인공이 한 병실을 쓰게 되면서 자신들에게 남은 시간 동안 하고 싶은 일에 대한 리스트를 만들고, 병실을 뛰쳐나가 이를 하나씩 실행하는 이야기를 담고 있다. '우리가 인생에서 가장 많이 후회하는 것은 살면서 한 일들이 아니라 하지 않은 일들'이라는 영화 속 메시지처럼 버킷리스트는 후회하지 않는 삶을 살다 가려는 목적으로 작성하는 것이라 할 수 있다.

당신의 버킷리스트는 무엇인가? 만약 생각해 본 적이 없다면 하고 싶은 일을 생각하면서 버킷리스트를 만들어 보자. 김태광 작가의 《서른여덟 작가, 코치, 강연가로 50억 자산가가 되다》에 나오는 그의 버킷리스트를 참고해 보는 것도 도움이 될 것이다.

- 베스트셀러 작가 되기
- 대한민국 최고의 성공학 강사 되기
- TV, 라디오에 출연하기
- 해외에 저작권 수출하기
- 내가 쓴 글이 교과서에 등재되기
- 다양한 장르의 책 쓰기
- 외제차 구입하기
- 대기업 등의 사보에 칼럼 쓰기
- 두 달에 책 한 권 출간하기
- 책 100권 쓰기

- 연 수입 30억 원 벌기
- 대형서점에서 사인회 하기

버킷리스트를 벽에다 붙여 놓고 나니 '그래, 이제부터 시작이다!'라는 자신감이 솟구쳤다. 이제부터 좋은 일만 가득 생길 것만 같은 예감이 들었다. 나는 틈틈이 버킷리스트를 보며 실제로 실현한 내 모습을 상상했다. 실제로 김태광 작가는 나에게 살짝 귀띔해 주었다.

"수표에 꿈을 적으면 돈을 지배할 수 있다."

꿈이 실현되는 것도 설레는 일이지만 경제력을 좌지우지할 수 있다니 정말 멋진 일이었다. 당신도 성공한 삶을 누려 보고 싶지 않은가? 당신이 생각하는 성공한 삶을 그려 보자. 당장 나는 어떤 성공한 삶을 살고 싶은지 종이에 적어 보자. 어떤 직업으로 성공했는지, 재산은 구체적으로 얼마나 되는지, 살고 있는 집은 몇 평인지, 한옥 또는 펜트하우스인지, 어떤 브랜드의 차를 갖고 있는지 등 다양한 종류의 성공한 삶에 대한 요소들을 적어 보고 이미 이루어진 듯 상상해 보자. 성공한 사람의 여유로움을 온몸으로 느껴 보자. 행복감이 물밀듯이 밀려올 것이다.

내가 이미 성공한 것처럼 생생하게 상상한다면 현재 느끼는 은퇴에 대한 두려움과 걱정은 별것 아니다. 내가 해야 할 일은 한

시라도 빨리 하고 싶은 일과 할 수 있는 일을 찾는 것이다. 이를 바탕으로 전문가가 되기 위한 준비를 해야 한다. 이미 성공한 삶의 풍요로움과 여유로움, 행복감을 절대 잊어버리지 말자. 성공한 나의 삶을 잊어버리지 말고 항상 잘하고 있다고 다독여 주자. 대단한 나에게 고마움을 표시하고 선물을 안겨 주자.

은퇴의 즐거움은 은퇴 준비에서부터 시작된다. 꿈을 찾고 세분화하고 종이에 써 보는 작업들은 결코 그냥 하는 것이 아니다. 성공한 삶을 이미 느껴 보는 작은 행동 하나가 나의 미래를 송두리째 바꿔 놓을 수 있다고 확신한다. 내 삶은 내가 가꾸고 만들어 가는 것이다. 남에게 기대는 것이 아니라 스스로의 힘과 노력으로 준비한다면 성공한 후에 우리는 당당하게 자수성가한 내 이야기를 후세에 남길 수 있을 것이다.

08

아무 준비 없이 퇴사하지 마라

준비가 안 된 상황에서 다가온 기회는 오히려 불행이다.

- 안철수

아무것도 준비하지 못한 채 나 홀로 무인도에 떨어졌다고 가정해 보자. 내가 어쩌다 여기까지 오게 된 건지 두려움이 몰려올 것이다. 주위에 사람이라곤 눈을 씻고 찾아봐도 없고, "거기 누구 없어요?" 아무리 소리쳐도 대답해 주는 사람도 없다. '이곳엔 나 혼자뿐이야!' 앞으로 얼마나 이곳에서 지내야 하는지, 어떻게 살아가야 하는지 알 수 없어 막막할 뿐이다.

아무런 준비 없이 갑자기 주위 환경이 변한다면 당신의 상태는 아마도 위와 같을 것이다. 우리는 어릴 때부터 계속 무언가에 대한 준비를 하면서 살아왔다. 유치원, 초·중·고등학교, 대학교 외에 학원, 과외 등까지 합친다면 어마어마한 시간과 비용, 노력이 지금의 나를 있게 한 것이다. 무엇을 위해 이렇게 준비를 철저하게 했단 말인가.

《이젠 책쓰기가 답이다》의 김태광 작가는 직장에 목을 매는 시대는 지났기에 직장을 다닐 때 차근차근 미래를 준비해 나가야 한다고 말한다. 특히 평범한 직장인일수록 미래를 위한 준비는 매우 중요하다. 평범하다는 것은 다른 사람들과 비교했을 때 이렇다 할 경쟁력이 없다는 말이기 때문이다. 즉 직장을 그만두었을 때 오라는 곳도, 갈 곳도 없는 낙동강 오리알 신세가 되는 것이다. 이처럼 준비가 되어 있지 않은 퇴직과 은퇴는 축복이 아닌 재앙임을 명심해야 한다.

현재 하고 있는 일이 자신이 하고자 했던 일이었는지 생각해 보자. 만족스러운 사람도 있지만, 많은 사람들이 자신이 하고 있는 일이 만족스럽지 않을 것이다. 현재의 일이 만족스럽건 아니건 간에 우리는 다음을 생각할 수밖에 없다. 여기서 다음이란 은퇴 후의 나의 미래다.

미래를 잿빛으로 상상하는 사람은 아무도 없을 것이다. 사람들은 미래가 항상 밝은 황금빛이 되기를 바란다. 미래를 황금빛으로 물들이기 위해 우리는 어떤 준비를 어떻게 해야 할까? 지금 이 시간에도 미래를 위해 알차게 준비하는 사람과 단지 현재만을 즐기며 사는 사람이 있다면 10년 후 황금빛 미래에 가깝게 있는 서 있는 사람은 누구일까?

대학생 아들을 둔 50대 중반의 차승택 부장은 해외 주재원이다. 가족은 한국에 있고 그는 해외에서 홀로 생활한 지 일 년이 지났다. 연봉도 약 1억 원이 넘는다. 그런데 최근에 진행 중이던 프로젝트에 문제가 생겼다. 시발점은 사소한 일들이었지만 하나둘씩 문제들이 뒤엉켜 눈덩이처럼 커지고 말았다. 해외 법인장인 상사가 문제를 해결해 줄 것 같았지만 꼬인 일들이 자꾸만 그의 실책으로 보고되었다. 화상회의를 시작하자마자 부하 직원들이 보고 있는 와중에 본사의 임원이 그의 실책을 몰아붙이며 추궁했다. 회의가 끝나고 그는 '나 혼자의 잘못으로 일어난 일도 아닌 것을 부하 직원이 보는 앞에서 면박을 주고 내 탓이라고 추궁을 하다니, 괘씸하고 억울하다'라는 생각이 들었다. 급기야 '회사를 나가라는 소리잖아!'라고 성급히 결론을 내렸다. 결국 그는 사직서를 충동적으로 제출하고 말았다.

한국으로 귀국한 그는 주변 사람들과 술잔을 기울이며 위로받았지만 사직 후의 일에 대한 대비는 속수무책이었다. 예전 거래처 사장과도 술자리를 가졌지만 면전에서만 그의 말을 거들 뿐이었다. 거래처 사장의 속내는 이러했다.

'연봉 1억 원을 받으면서 자신의 프로젝트를 성공시키지도 못한 사람이 프로젝트 도중에 불미스런 일로 그만둬 버리다니. 참 무책임한 사람이군'

나와 남편은 차 부장의 사례를 통해 어떤 것이 올바른 해결책인지 이야기를 나누었다. 직장 경험이 많은 남편은 회사를 오래 다니다 보니 그만두고 싶을 때가 한두 번이 아니라고 했다. 하지만 그만두고 싶을 때마다 사표를 쓴다면 현재 자신의 모습도 없을 것이라고 말했다. 프로젝트를 책임져야 하는 사람은 프로젝트가 성공하든 실패하든 끝까지 완료해야 한다. 중간에 뛰쳐나오면 뒤에 수습해야 하는 누군가는 고생을 더 할 수밖에 없다. 프로젝트를 시작한 사람만이 문제가 생겼을 때 바로잡는 방법을 다양하게 선택할 수 있고 완료할 수 있다. 그 후 만약 실패했다면 그에 대한 처분을 기다리면 된다. 그렇게 했다면 설사 프로젝트 하나가 실패했더라도 책임을 지고 모든 문제들을 고군분투하며 처리한 사람을 쉽게 내치진 않을 것이다.

차 부장이 어떤 생각을 가지고 사직서를 제출했는지는 알 수 없지만 우리 부부의 생활과 비교했을 때 한숨이 절로 나왔다. 가족에 대한 걱정이 앞섰기 때문이다. 대학생 아들의 등록금이며 당장 월급이 끊기면 일어날 경제적 문제에 대한 상황이 나와 별반 다를 것이 없었다. 물론 타국에서 혼자 생활하는 것이 쉬운 일은 아니다. 거기다 나를 알아주는 사람도 없었고 하소연할 친구도 없었을 것이다. 외롭고 힘든 타국 생활이 사직서 제출에 한몫했을 것이다. 참을 만큼 참았다고 생각했을 수도 있다. 힘든 시기를 견디고 있었지만 결과적으로 차 부장은 돌이킬 수 없는 선택을 하고 말았다.

남편은 내게 이런 말도 했다. 차 부장이 회사를 졸업하기 위해 미리 준비해 오던 사람이었다면 결코 프로젝트 문제가 최고로 산재해 있을 때 그렇게 사직서를 제출하지는 않았을 것이라고 했다. 회사를 졸업하기 위해 스스로 계획을 세워 준비 중이었다면 굳이 회사 상황이 안 좋을 때 자신이 먼저 사직서를 제출하고 여러 사람들의 질타 속에서 떠날 필요가 있었을까.

언제 어떤 식으로 회사를 졸업할 일이 생길지는 아무도 모른다. 누구도 10년, 20년 후 나의 모습을 장담할 수 없다. 어릴 때는 부모님의 반 강제적인 교육으로 어떻게든 준비를 해야 하는 시기가 있었다. 이제 나이가 들어 인생의 후반전을 스스로 준비해야 하는 시기가 왔다. 이에 대해 철저히 준비하지 않는다면 지금보다 나은 인생을 기대하기는 힘들다.

철저하게 준비해야 할 나의 후반전을 회사를 졸업하고 난 뒤에야 준비하는 것은 무기 없이 전쟁터로 나가는 것과 같다. 전쟁터에서 무기와 방패 없이 어떻게 살아남을 수 있을까? 전반전은 어떻게든 젊다는 이유만으로 버틸 수 있다. 그러나 후반전은 젊음이 사라진 나이로 모든 일을 감당해야만 한다. 열정과 패기가 있어도 몸과 마음이 약해진 시기다. 세월 앞에 장사 없다는 속담도 있지 않은가. 더욱더 철저한 준비가 필요하다. 아무 대책 없이 세월을 흘려보낸다면 불안감만 커질 뿐이다.

회사 생활과 병행할 수 있는 나만의 일을 찾아보자. 책을 통해 나만의 꿈과 비전을 만들어 보는 것은 어떨까? 꿈을 찾고 비전을 찾는 일은 철저히 계획을 세우는 일만큼 중요하다. 내가 만들고자 하는 세상은 어떤 것인지, 어떤 세상에서 우리의 자녀들이 자라면 좋을지 생각해 본다면 꿈과 비전이 좀 더 명확해지지 않을까. 꿈과 비전의 가치는 당신만이 부여할 수 있다. 어느 누구도 나를 대신해서 가치를 부여할 수는 없다. 나의 꿈이고 비전이기 때문이다.

무기와 방패가 마련되기 전에는 전쟁에 함부로 나가서는 안 된다. 나의 희생이 허술히 취급되어서는 안 되기 때문이다. 절대 은퇴 준비 없이 직장을 나오지 마라. 직장을 다니고 있을 때 무엇이든 시작해야 한다. 직장 안에서 나의 업무와 관련된 일도 좋고 내가 취미로 하고 있는 일이라면 더욱 좋다. 즐기면서 여유롭게 할 수 있으니 말이다. 인생 2막, 3막은 내가 하고 싶은 일을 나의 계획 하에 주도적으로 이끌어 나가자. 성취감과 자신감이 배가되고 여유롭게 나의 일을 즐기고 있는 자신의 모습이 한없이 자랑스럽도록 만들자.

PART

2

100세 시대, 인생을 보는 패러다임을 바꿔라

01

부모가 자녀에게 기대는 시대는 끝났다

"뭔가 하고 싶은 것이 있다면 일단 너만 생각해. 모두를 만족시키는 선택은 없어."

– 드라마 〈미생〉 중에서

최근 뉴스 기사에서 "예전엔 부모가 자녀들에게 아낌없이 나눠 주는 대신 노후에 자녀들에게 기대는 전통적인 가족 생존법이 있었다. 하지만 지금은 자식에게 기대기는커녕 나이 든 성인 자녀까지 끼고 살 정도로 세태가 바뀌는 바람에 중산층이 실버 파산에 내몰리고 있다."라는 내용을 읽었다.

어릴 때 우리 집은 3대가 한집에 살았다. 6·25 전쟁 이후 태어난 아버지는 한 되씩 쌀을 팔아 연명하던 가난한 집의 장남이셨다. 어머니는 그런 가난한 집으로 시집을 왔다. 시부모님에 시동생들, 줄줄이 다른 시댁 식구들이 들락날락거리던 아주 가난한 집이었다. 어머니는 없는 형편에도 성실히 살림을 꾸렸고, 아버지는 가족들을 부양하기 위해 열심히 일했다. 어머니가 살아온 나날들을 여기서 다 펼칠 수는 없지만 고생이 많았음을 짐작만 할 뿐이다.

바쁜 어머니 대신 나는 할아버지와 할머니 손에서 자랐다. 할아버지는 술과 담배를 참 좋아하셔서 어머니는 집에 할아버지가 드시는 술이 떨어지는 일이 없도록 항상 신경 썼다고 했다.

전쟁이 일어난 지 100년이 채 안 된 지금은 가족의 형태가 많이 달라졌다. 급격히 늘어난 1인 가구는 그나마 혼자서 경제력을 책임질 수 있는 독립된 가구지만, 부모들이 성인 자녀를 끼고 살아야 하는 가구도 있다. 극심한 청년 실업의 문제로 자녀가 독립할 수 있는 경제력이 없기 때문이다. 자녀의 부양을 받아야 하는 나이임에도 독립하지 못한 자녀로 인해 계속해서 자식의 뒷바라지를 하고 있는 것이다. 자녀가 부양해 주기를 바라지 않고 스스로 노후를 살아가려면 어떤 준비를 해야 할까?

첫째, 성인이 되기 전부터 자녀가 경제적으로 자립할 수 있도록 함께 고민해야 한다. 자녀가 스스로 자신의 강점을 발견하고 그 강점을 바탕으로 독립할 수 있을 정도의 경제력을 지닌다면 더할 나위 없을 것이다. 이것은 한낱 꿈일지도 모르지만 나는 조금 달리 생각해 보고자 한다. 부모님 세대는 전후의 세대로 먹고사는 일이 급선무였다. 그러나 다음 세대인 우리는 부모님보다는 조금 더 풍족한 삶을 누렸다. 그렇다면 자녀의 고민을 함께 나눌 수 있는 여력이 있다는 뜻이다. 자녀들이 자신의 목표를 갖고 있는지 늘 살펴보자. 목표나 꿈이 없는 삶은 무기력해지기 쉽다. 물론 부모인 우리도 꿈을 갖고 노력하는 모습을 늘 보여 주는 것이 선행되어야 한다. 꿈이나 목표가 없는 자녀가 꿈을 가지도록 부모가 이끌어 줄 수 있어야 한다.

목표가 생겼다면 관련 도서들을 한 권 한 권 시간을 두고 구매해서 아이 주변에 배치해 두자. 아이가 관심이 생겨 읽어 볼 때까지 두는 것이다. 영 관심을 보이지 않는다면 내가 먼저 읽어 보고 "이 책 참 좋은 책이네. 아빠 이 문장이 참 마음에 든다."라고 넌지시 말하자. 때론 명연기자가 되어 자식들과 소통해 보자. 한 문장이 한 사람의 인생을 바꾸기도 하는 법이니까.

목표에 대한 관심이 도전의식을 만든다. 해 보지 않은 일에도 '하고 싶다'와 '할 수 있다'는 믿음을 심어 주도록 하자. 발명왕 에디슨의 일화를 모르는 사람은 많지 않다. 초등학교에 적응하지 못했던 어린 에디슨은 12세에 학교를 중퇴했지만, 어머니의 가르침으로 자신이 흥미를 가진 분야의 책을 통해 지식을 쌓고 직접 실험하면서 어린 시절을 보냈다. 물론 실험에도 돈이 들었다. 그는 직접 실험비용을 확보하기 위해 철도 급사로 일을 시작했다. 열차 안에서 신문과 음식을 파는 일이었다. 남북전쟁이 시작되면서 신문이 불티나게 팔리자 에디슨은 인쇄기를 구입해 스스로 신문을 제작해서 팔았다. 그때 그의 나이 16세였다.

둘째, 스스로 경제력을 유지할 수 있는 시스템을 만들어야 한다. 경제력은 스스로를 독립적으로 생각할 수 있게 만드는 힘이다. 돈이 없으면 나에게 돈을 주는 사람에게 자꾸 기대고 싶어진다. 예를 들어 직장에서는 사장이 될 수도 있고, 가정에서는 부모님이 될 수도 있다. 혹은 아내나 남편이 되기도 한다. 또한 자식에게 기대기도 할 것이다. 사람은 각각 독립적인 유기체지만, 사회적 동물로서 필연적으로 서로 관계를 맺는다. 관계 맺음에 있어 경제력이 뒷받침되지 않는다면 수평적인 관계가 주종관계로 변할 수도 있다.

당신은 경제력을 유지할 수 있는 시스템이 있는가? 직장인이라면 연금은 필수다. 연금 이외에 주식이나 부동산이 있다면 경제력 유지가 좀 더 유연할 것이다. 남편은 가끔 국민연금관리공단에서 오는 우편물을 받는다. 우편물을 개봉하면 연금수령 일자와 수령액이 나와 있다. 남편은 노후에 국민연금을 과연 받을 수 있을지 의문인 듯했다. 연금 수령액으로 노후를 평안히 보낼 수 있을지 내게 물었지만 나는 쉽게 대답할 수가 없었다. 지금 쓰기에도 부족해 보였기 때문이다. 앞으로 20년 후의 수령일도 너무나 멀게만 느껴졌다.

셋째, 부모와 자녀는 서로 독립적인 사회인이므로 서로의 삶을 각자 영위하는 방법을 찾아야 한다. 가끔 어린 자녀를 자신의 소유물처럼 여기는 사람들이 있다. 남녀노소를 막론하고 독립적이지 않은 사람은 없다. 세대마다 삶의 영위방식이 얼마든지 다를 수 있다. 부모들의 삶의 방식대로 우리는 살 수 없고 우리의 삶의 방식대로 자녀들도 살지 못한다. 우리의 삶의 방식을 강요하기보다는 자녀들에게 도움이 될 만한 방식을 함께 고민해 보는 것이 좀 더 실용적이지 않을까. 그렇다고 너무 간섭하는 것은 서로에게 도움이 되지 않으니 유의해야 한다.

누군가는 그게 마음처럼 쉽냐고 반문하는 이도 있을 것이다. 나 역시 어려울 때가 많다. 특히 아들을 키우는 엄마라면 아들이 사회를 바라보는 시각도 다르고 생각과 행동도 다름을 느낄 때가 많다. 서로 대립할 때는 화가 나기도 하지만, 한 발짝 물러나 생각해 보면 '그럴 수도 있겠구나'라고 생각이 들 때도 있다. 아들과 나는 주로 스마트폰 사용 시간에 대해 자주 의견이 대립한다. 엄마의 입장에서는 시력 악화나 거북목 현상 등의 문제로 스마트폰을 사용하지 말라고 할 때가 많다. 그러나 아들의 입장에서 조금 생각해 보면 스마트폰을 통해 친구와 소통하는 것일지도 모른다는 생각이 들기도 한다. 그네들의 삶의 한 유형으로 말이다.

나는 자식들이 나를 부양하는 것을 원하지 않는다. 지금은 건강하니까 이렇게 생각할 수도 있다. 그러나 스스로 움직일 수 없을 때는 모르겠지만 움직일 수 있는 한 내 일을 하면서 독립적으로 살고 싶다. 기본적인 것은 국가에서 해 주고, 나머지는 내 삶을 가꾸며 살고 싶다. 자녀와의 관계도 서로 부담스럽지 않게 이어 가고 싶다. 누가 누구를 부양하는 것이 아닌 독립적인 인간으로 서로를 격려하면서 말이다. 당신의 생각은 어떠한가? 자녀가 부양해 주는 시대는 끝났다고 생각하고 나 자신을 단련하자.

02

100세 시대, 한 가지 직업만으로 살 수 없다

현명한 사람은 기회를 찾지 않고 기회를 만들어 낸다.

– **프랜시스 베이컨**

'제4차 산업혁명'을 주제로 한 2017년 다보스 포럼(Davos Forum)에서 인공지능과 로봇, 생명과학 등의 기술 발전으로 인해 2020년까지 510만 개의 일자리가 사라질 수 있다는 미래보고서가 공개됐다. 나는 개인 저서를 준비하면서 자기계발 작가, 동기부여가, 은퇴준비 코치, 가치변화 메신저, 1인 기업가, 강연가, 마케터 등 여러 개의 직업인으로 활동했다. 만약 직장을 다니는 워킹우먼이었다면 이렇게 활동하기는 힘들었을 것이다. 월급 받는 것에 안주하며 경제수준에 맞춰 아이들의 스케줄을 조정하고 빠듯하게 살아가고 있었을 것이기 때문이다.

나는 직장으로 출근하는 남편의 아내이자 학교와 유치원에 다니는 아들 둘을 지닌 평범한 주부였다. 한겨울의 어느 날, 멀리 있는 회사로 출근하기 위해 깜깜한 거리를 걸어가고 있는 남편의 뒷모습을 보면서 뭐라도 해야겠다는 다짐을 하게 되었다. 작은아들을 유치원에 보내고 여유 시간이 생기면서 노후에도 우리 부부의 활기찬 미래를 보장하기 위한 투자를 시작하기로 했다. 부동산으로 재미를 조금 보았던 터라 부동산 공부도 하고 자기계발서도 읽기 시작했다.

《관점을 디자인하라》의 저자 박용후의 직업은 4년 전 무려 13개나 되었다. 현재는 더 늘어났을지도 모른다. 그는 출근할 사무실도 없고 직원도 없는 오피스리스 워커(officeless worker)다. 여러 기업들에게 새로운 관점을 제공하기 위해 총괄이사, 전략고문, 전략이사 등을 역임하고 있다. 기업의 요청에 의한 그의 강연도 꽤 유명하다. 스스로를 관점 디자이너로 명명하고 고객들의 관점에서 일하는 회사의 제품이 왜곡되어 보이지 않도록 하는 일을 한다. 또한 제품 홍보에만 그치지 않고 사회 공헌에도 힘을 보태는 중이다.

그는 서점에서 책 표지를 찬찬히 살펴보면 요즘 트렌드를 알 수 있다고 한다. 공통의 화두를 찾아내고 관련 서적을 다량 구입한 뒤 찬찬히 읽어 본다. 그리고 그 분야의 전문가를 찾아가 의견을 교환하면 책을 통해 알지 못한 내용들도 발견하게 된다. 당연한 일임에도 '왜?'라는 질문을 통해 관점이 다른 답을 찾으려는 노력을 반복적으로 한다면 관점 디자이너로 나아갈 수 있음을 그는 알려 주었다.

아이들은 무엇이든 '왜?'라는 질문을 매우 자주 한다. 나에게는 당연한 일들이 아들들에겐 생소한 모양이다. 차근차근 설명해 주는 자상한 엄마는 아닌지라 서로가 이해되지 않아 종종 문제가 생기기도 한다. 예를 들면, 아파트는 층간 소음에 대부분 민감하다. 그러나 아들들의 활발함은 통제하기가 힘든 경우가 많다. 우리 집인데도 왜 뛰면 안 되냐고 묻는 아들에게 공동주택의 예의를 이해시키기가 어렵기 때문이다.

살아온 경험에 비추어 당연시되던 일들에 의문과 호기심을 가지고 새로운 관점을 통해 사물과 현상을 바라본다면 어떤 일이 나타날까? 우리가 흔히 말하는 고정관념을 버리고 새로운 시각으로 바라보면 이전에는 보이지 않던 것들이 보일 수 있다. 거기서 우리는 새로운 일을 만들거나 시작할 수 있다.

모던한복 편집숍 '하플리'의 이지언 대표는 웹 서핑을 하던 중 우연히 한복 사진을 보고 그 매력에 빠졌다. 그 후 한복을 일상복과 잘 어울릴 수 있도록 코디해 주는 플랫폼을 만들어 창업했다. 못 미더워하는 부모님을 설득하기 위해 40쪽가량의 사업계획서를 작성해 보여 드린 후 부모님의 든든한 지원을 받게 되었다. 우리나라의 전통의상인 한복을 패션 아이템으로 만들어 지드래곤과 아이유가 입는 날을 꿈꾸는 20대 청년 창업가 이 대표는 코디네이터, 마케터, 모델 등 한 가지 직업이 아닌 여러 개의 직업을 가지고 활발히 활동 중이다.

한복은 명절에나 입는 옷이라는 고정관념을 가지고 있던 나는 이 기사를 보고 신선한 충격을 받았다. 한복이 고운 선을 가진 옷이라는 것은 알고 있었지만 평상복과 코디해서 입을 수 있다고는 생각지 못했던 것이다. 아름다움을 현 세대와 융합해 즐기고자 하는 이지언 대표를 누가 관점 디자이너가 아니라고 할 수 있을까.

그런가 하면 잡지 모델에서 작가로 변신한 이현주 씨가 월간지 〈탑클래스〉 2017년 1월 호에 소개되었다.

"재미로 시작한 일이 생각보다 커지면서 본격적으로 모델 일을 하게 됐어요. 제가 진짜 원하는 일이 무엇인지 미처 생각할 겨를도 없이, 어찌 보면 떠밀리듯 십여 년을 달려온 거죠. 그래도 잡지 모델 일만 할 때는 괜찮았는데, 방송 일은 그만큼 즐겁지가 않더라고요."

그녀는 대학교 1학년 때 지인의 소개로 신생 의류 브랜드의 모델로 발탁되었다. 모델로 자리를 잡아가는 도중 음악 방송 진행자로 방송 활동을 시작했지만 즐겁지 않았다. TV에서 취미를 직업으로 연결해 성공한 사람들의 스토리를 보며 자극을 받았다는 그녀는 자신의 적성에 맞는 취미를 찾기 위해 요리, 제빵, 플로리스트 과정 등을 배웠지만 잘 맞지 않았다. 그러다 작은 뜨개질 공방에서 시간 가는 줄도 모르고 뜨개질을 시작했던 그녀는 뜨개질로 인생의 커다란 변환점을 맞이했다. 뜨개질을 통해 힘들었던 상처를 치유하고, 잡념을 효과적으로 제거할 수 있었던 것이다. 커피숍에서 시작한 뜨개질 강의는 입소문을 타고 전해졌고, 취미로 시작된 뜨개질은 공방을 차려 수업을 진행할 만큼 그녀를 찾는 수요가 늘었다.

누구나 취미를 가질 수 있다. 그러나 취미를 자신의 사업으로 만드는 것은 누구나 할 수 있는 일은 아니다. 취미를 사업으로 만드는 사람들은 대부분 관점 디자이너다. 다른 영역으로 접목시킬 수 있는 안목을 가진 사람들임에 틀림없다. 당신이 하고 있는 일이 다른 영역에서 시너지 효과를 낼 수 있을까? 또 내가 생각한 일들이 어떤 방식으로 대중에게 다가갈 수 있을까? 주의할 것은 생각으로만 그치지 말고 아주 사소한 것이라도 행동으로 옮겨야 그 후를 바라볼 수 있다는 것이다. 절대 생각만으로 그만두지는 말자.

100세 시대에는 한 가지 직업만으로 삶을 영위할 수 없다. 이 시대를 살아가는 우리는 직업을 가져야 하고 가정을 이끌어 나가야 하기에 여러 방면으로 삶을 개척해야 한다. 한 직장에서 열심히 일한 후 여유로운 은퇴를 즐기는 삶은 이제 먼 옛날 이야기일 뿐이다. 지금 이 순간에도 시대는 빠르게 변화하고 있다. 천연자원이 부족한 대한민국에 살고 있는 우리가 더 빨리 변화해야 하는 이유이기도 하다. 다양한 직업을 가질 수 있음을 항상 염두에 두자. 인생 후반에는 자신이 좋아하면서 적성에 맞는 직업이 무엇인지 한 번 더 생각해 볼 필요가 있다.

03

자녀 교육에 올인하면 노후가 막막해진다

자녀 교육의 핵심은 지식을 넓히는 것이 아니라 자존감을 높이는 데 있다.

- 레오 톨스토이

최근 뉴스 기사에서 노후 대비를 하고 있는 노년층은 절반 정도에 불과하다는 내용을 보았다. 노후 대비를 하지 못하는 이유는 무엇일까? 평범한 가정의 월 가계 지출 비용을 참고해서 살펴보자. 고등학생과 중학생 자녀를 둔 40대 중반의 부부이며, 남편의 급여는 각종 세금을 제하고 450만 원 정도라고 가정해 보자. 매달 주택담보대출 상환금으로 70만 원, 가족 보장성 보험료 30만 원, 연금 보험료 20만 원, 생활비 160만 원, 자녀 교육비 150만 원, 여유자금으로 20만 원 정도를 지출한다. 보통의 가정에서 자녀 교육비로 들어가는 돈이 총수입에서 33.4%나 된다. 40대 중반의 부부가 자녀 교육비 지출로 33% 이상을 쓰면서 자신의 노후를 준비할 수 있는 자금은 거의 0%에 가깝다고 볼 수 있다. 하지만 이

가정은 450만 원이라는 고정 수입이 있는 경우다.

돈이 노후 대비의 전부는 아니지만, 꼭 필요한 요소 중 하나다. 당신의 현실은 어떠한가? 스마트폰 메모장에 수입과 지출 내역을 간단하게 적어 보자. 과연 당신은 더 나은 인생 2막을 위한 준비 자금으로 얼마를 쓸 수 있는가? 자신을 위해 쓰기보다 자녀를 위해 더 쓰고 있지는 않은가?

자녀 교육비는 자식의 미래 준비를 위한 자금이다. 자녀의 미래는 어떻게 준비하는 것이 옳은 것일까? 유치원부터 대학까지 졸업하고 취직을 해서 경제적 능력이 생길 때까지 부모님들은 자식을 뒷바라지해 왔다. 결혼을 해서 손주를 키워 주면서 자식의 부양을 받으며 여생을 보내다가 손주들이 커 버린 어느 날 조용히 우리 곁을 떠나는 것이 보통이었다.

그러나 이 시대를 살아가는 중년은 이러한 생각에서 벗어나야 한다. 자식에게 부양을 받아야 할 시간이 너무 길어졌기 때문이다. 예전보다도 기대수명이 훨씬 늘어난 것은 이제 당연한 사실이며, 의료기술도 획기적으로 향상되어 기대수명을 늘리는 데 크나큰 공헌을 하고 있다.

독일 격언에 "한 아버지는 열 아들을 기를 수 있으나, 열 아들은 한 아버지를 봉양키 어렵다."라는 말이 있다. 부모는 자식들에게 항상 모든 것을 다 해 주고 싶다. 공부를 하고 싶다는 자식에게는 빚을 내서라도 해 주고 싶은 것이 부모의 마음이다. 그러나 지금은 자식들이 하고 싶어 하는 공부가 아니라 주변에서 그렇게 하기 때문에 남을 따라서 하는 경우가 더욱 많다. 옆집 아이와 비교하면서 내 아이가 하고 싶은지는 묻지도 따지지도 않은 채 엄마들끼리 경쟁하며 아이를 사교육으로 내모는 경우도 비일비재하다. 우리 집의 경제력이 이 정도는 된다며 과시하는 면도 없지 않아 있을 것이다.

은퇴 후의 시간은 늘어만 가는데 아이들의 미래를 위한 준비에만 올인하는 것은 옳지 않다. 당신이 은퇴 준비를 제대로 못해 나중에 아이들이 성장한 후 당신을 부양해야 한다면 자식들의 부담은 또 얼마나 커질 것인가? 부모가 현명하게 자녀 교육과 자신의 미래를 위한 투자의 비율을 잘 나눈다면 양쪽 모두가 덜 부담스럽고 자유로울 것이다.

인생 2막을 위해 자녀 교육에 올인하지 않으려면 어떻게 하는 것이 좋을까?

첫째, 가족들과 자주 집안의 경제력을 의논해야 한다. 자녀가 어릴 때보다는 중학교나 고등학생이 되었을 때 함께 의논해 보는 것도 경제 공부의 일환이 될 수 있다. 누군가는 "아이들과 시시콜콜 이런 걸 의논하란 말이야?"라고 반문할 수 있다. 어리다고 아무것도 모른다는 편견은 버려야 한다. 현대사회는 정보가 넘쳐나는 시대다. 눈 뜨면 스마트폰이 있고, TV를 비롯해 온갖 영상 매체들이 정보를 쏟아낸다. 그러니 온 가족이 함께 의논하기를 바란다.

둘째, 주관적인 교육관을 가져야 한다. "친구는 A 학원 다닌대.", "이번에 친구가 수학 학원을 옮겼대."라는 말에 휘둘려서는 안 된다. 얼마 전 아들에게 방과 후 학교에서 마술을 배우게 했다. 아들이 너무 하고 싶어 해서 초등학교 6학년이었지만 수강 신청을 했다. 아들은 정말 재미있게 다녔다. 이를 보고 주위의 한 엄마가 학교 공부도 아닌데 쓸데없는 곳에 보낸다고 핀잔을 주어 살짝 마음이 상하기도 했다. 중학교에 가서 뒤처지지 않으려면 미리 열심히 공부해야 한다고 내게 충고한 것이다. 그러나 나는 이런 생각을 바꿔야 한다고 생각한다. 남들과 똑같이 해서는 크게 성공할 수 없으므로 아이의 재능을 키워 줄 수 있는 공부를 권유한다. 물론 아이들이 하고 싶어 해야 하는 것은 기본이다.

그리고 변명같이 들릴지는 모르겠지만 내가 마술을 시킨 것은 나름의 이유가 있다. 나의 아들은 호기심과 관찰력이 보통 아이보다 조금 더 많다. 그것이 때로는 단점처럼 보이기도 한다. 산만해 보이기 때문이다. 어떤 사람에게는 마술이 한낱 놀이에 가까울 수 있지만 나에게는 조금 다르게 보이는 것도 있다. 흔히 마술은 속임수라고 한다. 사람들을 마술 동작으로 속이려면 치밀해야 하고 많은 연습이 필요하다. 또한 하나하나의 동작을 잘 관찰해야 한다. 이 얼마나 정교한 작업인가. 아들은 하나의 마술 동작을 익히고 집에 돌아오면 내 앞에서 마술을 부린다. 나는 간단한 마술을 부리는 아이 앞에서 깜박 속는다. 그러면 아이는 얼마나 자신감이 충만해지는지 아들도 나도 즐겁고 행복하다.

셋째, 아이들에게도 자신만의 시간을 주어야 한다. 친구들과 추억을 만들 소중한 시간을 부모의 욕심으로 빼앗지 말아야 한다. 유치원부터 아이들의 스케줄은 빼곡하다. 자꾸 아이들에게 무언가를 가르쳐야 한다는 생각에 갇혀 있는 것은 아닌지 생각해 보자. 나도 때로는 엄마로서 조바심이 나기도 한다. 유치원생을 둔 부모들은 '아이가 숫자를 10 이상 셀 수 있다', '한글 선생님을 모셔 과외를 한다' 등으로 아이를 잘 가르치고 있다고 생각한다. 현재 유치원 교육의 주요 쟁점은 신나고, 건강하고, 행복한 아이로 자라게 하는 것이다. 이렇게 자라려면 유치원 친구들과 경쟁하는 것이 아니라 서로 어울려서 잘 놀아야 한다. 운동장이나 놀이터에서 친구들과 마음껏 뛰어놀아야 한다. 부모는 그저 아이들이 크게 다치지 않도록 약간의 제어만 해 주면 된다.

영어, 음악, 미술, 운동 등의 과외활동은 아이가 유치원에 들어가기 시작하면서부터 행해진다. 아이가 좋아서 배우는 것은 어쩔 수 없지만 집에서 부모님의 따뜻한 사랑을 받을 시간이 너무 적은 것은 아닐까. 아이의 얼굴에서 웃음이 사라지고 힘들게 학원 차를 타고 이동하는 모습이 안타까울 뿐이다. 심지어 요즘에는 아이들의 독서를 위해 한꺼번에 책을 다량 구매한다. 한 번에 100만 원이 훌쩍 넘는 경우도 있다. 집에서 가지고 놀 장난감도 원목으로 된 교구를 사고 선생님을 초빙한다. 사교육비가 어마어마하다. 하고 싶어도 경제력이 안 돼서 못한다고 자책하는 부모도 있다. 그러나 자책할 필요는 없다. 오히려 밖에서 실컷 친구들과 뛰어노는 편이 성장 발육에도 좋다. 평생학습의 시대에는 체력이 뒷받침되는 튼튼한 아이가 안성맞춤이다.

조금 늦더라도 또는 조금 돌아가더라도 자녀 교육은 슬로우 푸드처럼 자연스럽게 요리되어야 한다. 지나치게 자녀 교육에 올인하다가 앞으로의 노후가 막막해질지도 모른다. 천천히 자연스럽게 익힌 경험과 지식이 나중에 우리 아이들에게도 큰 자산이 될 것이다.

04

자녀에 대한 투자 상한선을 정하라

아이들이 무엇을 할 수 있는지 확인해 보고 싶다면 주는 것을 멈추어 보면 된다.
- **노먼 더글라스**

우리나라 학부모라면 누구나 자식 교육에 유별나다 할 정도로 할 말들이 많을 것이다. 주변 학부모들과 이야기를 나누다 보면 사교육을 시키지 않는 부모들은 거의 없다. 나 또한 아들이 중학교에 입학하기 반년 전부터 수학과 영어를 미리 배우도록 했다. 한 가정에서 교육비가 차지하는 비율은 생활비 지출 항목 중 1위다. 한 명의 자녀가 대학을 졸업하고 취업 준비를 거쳐 결혼을 하기까지 자식에게 들어가는 비용은 어마어마하다.

최근 본 기사에는 자식에게 모든 것을 다 내주고 서울에서 지방으로 이사를 가서 살고 있는 노부부의 이야기가 나왔다. 노부부는 젊은 시절 서울에 번듯한 집을 가진 중산층이었으나 2남 2녀의 자녀들을 키우면서 두 아들의 결혼자금, 신혼집 등에 목돈이 들어갔다. 더불어 네 자녀들에게 골고루 자금을 쓰고 나니 나이 든 부부의 노후 생활자금이 변변치 않아 소도시로 이사를 하게 되었다. 현재는 할머니의 연금과 할아버지의 경비원 월급으로 10평짜리 아파트에서 겨우 생활하고 있다고 한다. 네 자녀를 두었음에도 자식들의 교육에 모든 자금을 다 쏟아붓고 남은 것은 계속 생활비를 벌어야 하는 현실이었다. 그들이 이러한 상황을 과연 예상이나 했을까?

우리 부부는 가끔 초등학교 6학년인 큰아들에게 "아빠와 엄마는 대학등록금까지만 지원해 줄 테니까 그 이후는 네가 알아서 해야 한다."라고 말하곤 한다. 아이가 어떻게 이 말을 해석했는지는 모르겠지만, 설에 세뱃돈을 받으면서 아들이 말했다. "부모님은 대학등록금까지만 지원해 주신다고 했으니까 세뱃돈은 꼭 제 통장에 저축해 주세요. 나중에 학비로 쓸 거예요." 아들이 귀엽기도 하고 더 의젓해진 것 같아 절로 미소가 지어졌다.

예전에 알던 할아버지의 이야기다. 할아버지는 혼자 시골에서 농사를 지으며 땅을 조금 가지고 있었다. 오 남매를 분가시켰지만 할아버지를 모시려는 자식은 없었다. 갖고 있던 땅이 개발되면서 보상금이 나왔고 나머지 다른 땅은 팔아서 자식들에게 다 나눠주었다. 땅을 판 돈을 나눠 줄 때도 서로 대놓고 이야기는 못했지만 불만들이 있었다고 했다. 현재는 조금의 여윳돈으로 할아버지

혼자 요양원에서 생의 마지막 날들을 보내고 있다. 젊은 시절 자식들과 오손도손 살 생각으로 부지런히 일해서 일궈낸 땅일 것이다. 참으로 안타까웠다.

자녀에 대한 투자의 상한선은 어떻게 정하는 것이 좋을까?

첫째, 부부가 같이 상의해서 일정 기준선을 정하라.

부부의 한 달 수입을 파악하고 그중 자녀 교육비의 지출은 어떻게 되는지 비율을 알아보자. 대부분 15~20% 정도일 것이다. 물론 매달 일정한 수입이 들어온다고 가정했을 경우다. 자녀가 고학년일수록 비중이 더 높을 수도 있다. 부부가 교육비나 생활비의 상한선을 함께 정한다면 가정의 경제력을 함께 알 수 있고 자녀와의 소통에서도 일관적인 태도를 가질 수 있다.

초등학교 6학년부터 같은 반 친한 친구를 따라 사설학원을 다니게 된 아들은 수학이 매우 어렵다며 짜증을 부렸다. 숙제가 밀린 날은 어김없이 학원을 그만두고 싶다고 했다. 서로 언성이 오갈 땐 "왜 1학년부터 시키지 않아서 지금 날 이렇게 힘들게 해!"라며 내게 대들기도 했다. 대부분의 친구들이 저학년부터 학원에 다녀서 친구들과 비교했을 때 실력도 밀리고 적응도 되지 않아 힘들었기 때문이다.

둘째, 자녀에게 미리 경제 교육을 시키자.

첫째가 첫 생일을 맞이하기 전 시어머니께서 30만 원을 주시며 아이 이름으로 된 통장을 만들어 넣어 주라고 하셨다. 그때 만들었던 통장에 설날에 받은 세뱃돈과 간간히 용돈을 모아 둔 것이 백 단위가 넘는다. 아이는 벌써 초등학교를 졸업하고 중학생이 되었다. 이번 설에도 세뱃돈 받은 것을 통장에 넣어 달라며 나에게 주었다. 아들은 통장에 찍힌 이자와 총액을 보며 해맑은 웃음을 지었다.

아이는 이번에 받은 세뱃돈 중에서 얼마를 떼어 자신이 갖고 싶은 물건을 사고 싶다고 했다. 이번에는 본인이 꼭 3×3 큐브를 정복해야겠다며 5,000원짜리 큐브를 사 달라고 했다. 5,000원을 쥐고 근처 문구점에서 큐브를 사온 날 유튜브에서 관련 동영상을 보며 큐브 맞추기에 열의를 보였다.

사실 2×2 큐브부터 시작해 집에는 큐브가 몇 종류 있었다. 설명서대로 큐브 맞추기 방법을 따라해 보았지만 완성되지 않았었다. 이런저런 방법을 동원해 고민하고 생각하던 아들은 한동안 큐브에서 손을 떼고 있었다. 무엇을 계기로 다시 시작하고 싶은 마음이 생겼는지 이번 각오는 남달라 보였다. 나도 이전 같았으면 집에 큐브가 있는데 뭘 또 사느냐고 타박했겠지만 이번엔 왠지 다른 느낌이 들었다. 문구점에서 가격을 확인하고 온 아들에게 나는 세뱃돈에서 5,000원을 빼서 주었다.

셋째, 과거가 아닌 미래를 바라보며 자녀에게 삶의 조언을 해 주자.

김용 세계은행 총재의 어머니 전옥숙 여사는 늘 아들에게 "나 자신은 누구인가? 내가 세상에 무엇을 줄 수 있는가?" 등의 질문을 던지고는 "위대한 것에 도전하라."고 가르쳤다. 그 가르침으로 김용은 의사, 대학 총장, 그리고 세계은행 총재까지 역임할 수 있었다. 그는 '세상의 불평등을 없애고 사회 정의를 이루기 위해 일하는 사람'이 되기로 결심했다.

모든 부모는 나의 삶보다 아이들의 삶이 더 나아지기를 바랄 것이다. 아이들의 미래는 어떻게 변할까? 세상은 빨리 변화하고 있다지만 아직은 그렇게 크게 와 닿지는 않는다. 우리의 아이들이 변화된 미래에서도 굳건히 자신의 자리를 만들고 지키기를 바랄 뿐이다. 자신의 자리에서 노력하는 만큼 적극적으로 삶을 산다면 고마울 따름이다.

이제 우리는 자식들에게 지원하는 비중을 줄이고 나 자신을 먼저 살펴봐야 한다. 내가 건강하고 여유로워야 나와 자식들의 미래를 함께 계획할 수 있다. 자식들에게 올인하고 있는 부모들이 과연 행복하기만 할까? 자식을 위한 투자의 상한선을 정해 보자. 너무 많이 투자하고 있다면 과감히 줄이는 편이 좋다.

05

한 살이라도 젊을 때 자신에게 투자하라

변명 중에서도 가장 어리석고 못난 변명은 "시간이 없어서"라는 변명이다.

- 토머스 에디슨

공병호 박사는 《10년 법칙》에서 자신의 노선을 발견하고 전문가가 되기까지 약 10년의 시간이 걸린다고 말한다. 10년이란 시간은 짧다면 짧고 길다면 길게 느껴질 수도 있다. 어떤 일을 시작했다면 성공하기까지 시간과 돈 그리고 노력이 삼위일체로 병행되어야 한다. 가슴 뛰는 일을 시작하고 다양한 경험을 쌓아 성공이라는 문에 다다르기까지는 많은 시간이 필요하다. 그래서 한 살이라도 젊을 때 가슴 뛰는 목표를 정하고 나 자신에게 투자해야 한다.

이미 가슴 뛰는 자신의 일을 찾은 사람도 있을 것이고 아직도 찾으려고 노력하는 사람도 있을 것이다. 《시작하기에 늦은 때란 없다》는 책 제목처럼 새로운 일을 시작하기에 나이는 아무런 제한이 될 수 없다.

40대 중반의 나이에 접어든 나도 현재 새로운 꿈을 향해 나아가는 중이다. 여러분도 늦지 않았다. 속담에 "시작이 반이다."라고 했다. 시작했으면 성공의 반은 이미 이룬 것이나 다름없다는 것을 머리와 마음속에 깊이 새기고 다음과 같은 행동이 이어지길 바란다. 현재 내가 실천하고 있는 방법을 여러분에게 알려 줄 것이다. 절대로 어려운 방법이 아니니 꼭 실천해 보기를 바란다.

첫째, 책을 사서 읽어라.

흔히 우리는 책을 읽는다 하면 도서관이나 대형서점을 떠올린다. 도서관에서 우리는 책을 주로 빌려서 읽는다. 그러나 공공기관의 책이기에 내 마음대로 책을 읽다 문득 떠오르는 생각을 바로 메모할 수가 없다. 나도 한창 책만 읽을 때는 도서관에 가서 읽기도 했지만 이제는 책을 직접 구매해서 메모도 하고 중요한 부분은 표시를 하기도 한다. 온전히 나의 책으로 만드는 것이다. 최근 대형서점에는 이른바 숍인숍 형태로 커피전문점이 입점해 있기도 하다. 그래서인지 책 한 권을 커피와 함께 부담 없이 읽기 좋다.

책을 통해서 작가와 독자는 서로의 생각을 공유하고 공감하며 세상을 바라보는 눈을 더 넓히게 된다. 책을 항상 가까이에 두고 책을 읽던 그 순간의 생각을 자신이 읽던 페이지에 기록해 보자. 따로 일기를 적지 않아도 시간이 지나 그러한 책들이 쌓이면 나의 대한 기록이 되고 역사가 될 것이다.

둘째, 인터넷 강의를 들어라.

요즘 너 나 할 것 없이 갖고 있는 스마트폰 속에는 성공과 관련한 정보들이 넘쳐난다. 그중 하나가 바로 인터넷 강의다. 당신도 테드(TED)나 유튜브에 대해 한번쯤은 들어 봤을 것이다.

얼마 전 아이들과 워터파크에 놀러 간 적이 있다. 할인 쿠폰을 이용해 저렴한 가격으로 예매한 뒤 가벼운 마음으로 워터파크로 들어갔다. 스마트폰으로 그곳의 멋진 풍경을 찍은 다음 점퍼 호주머니에 넣어 두었다. 잠시 후 이를 까맣게 잊어버리고는 아들과 함께 시원한 물속으로 들어가 신나게 물장구를 치던 중 불현듯 휴대전화 생각이 났다. 아차 싶었지만 이미 휴대전화는 명을 달리한 뒤였다. 당시 내 휴대전화는 거의 공짜로 받았던 터라 방수도 안 되었고 데이터 무제한도 아니었다. 휴대전화를 복구하려 AS센터에 문의했지만 메모한 내용이며 전화번호와 사진들을 하나도 건질 수가 없었다.

할 수 없이 스마트폰 매장을 방문해 새로 구매했다. 조금 돈이 더 들었지만 나는 이것을 또 다른 기회로 생각했다. 방수가 되면서 데이터가 무제한인 휴대전화를 구매했기 때문이다. 이 뒤로 나는 새로운 세상을 만나게 되었다. 하루에 8억 원짜리 강의를 무료 동영상 공유 사이트를 통해 지하철을 타고 가면서 보게 된 것이다. 동영상을 보면서 너무나 가슴 벅찼던 감정이 다시금 떠오른다. 나에겐 이 사건이 오히려 전화위복이 되어 현재는 내가 듣고 싶은 강의를 아무 때나 검색해 마음대로 본다. 내가 주로 보는 강의는 〈세상을 바꾸는 시간〉과 TED 무료 동영상 강의다. 그 강의들을 통해서 강연가의 꿈도 계속 되새기고 있다. 책과 더불어 원하기만 한다면 가질 수 있는 다양한 성공 정보들이 당신의 스마트폰 속에 잠자고 있다. 당신의 휴대전화를 깨워라.

셋째, 전문가의 교육과 컨설팅을 받아라.

당신이 하고 싶은 일의 전문가를 알아보라. 전문가를 찾았다면 직접 만나 봐야 한다. 만나서 당신의 상황을 이야기하라. 또한 어떻게 이 일을 통해서 내가 성공으로 나아갈 수 있는지 문의하고, 교육 프로그램이 있다면 교육을 받아 볼 것도 권한다. 좀 더 빠르게 갈 수 있는 방법을 안다면 그 전문가에게 컨설팅을 받는 것도 좋다. 컨설팅으로 내가 겪을 수 있는 실패와 좌절을 하나라도 줄일 수 있다면 혹은 성공으로 가는 추월차선을 알 수 있다면 돈이 들더라도 꼭 컨설팅을 받아 보길 권한다. 그러면 나중에 전문가가 되었을 때 도움을 청하러 온 후배들에게 좀 더 나은 교육과 컨설팅을 해 줄 수 있기 때문이다.

넷째, 자신의 이미지를 가꿔라.

앞서 꿈이 이미 이루어졌다고 상상하라는 내용에 대해 말했다. 나는 이미 내 꿈을 이루어 성공한 사람이다. 그러므로 스스로 성공한 사람의 이미지를 가져야 한다. 지금부터라도 성공자의 롤 모델을 보면서 자신의 이미지를 만들어 나가라. 물론 이미지가 한 순간에 변화하기는 힘들다. 미리 준비해야 한다. 이미지 가꾸기에 조금씩 투자해 나간다면 당신이 꿈을 이루었을 때 좀 더 당당한 모습을 갖게 될 것이다.

다섯째, 건강을 지켜라.

사실 앞의 네 가지는 제일 중요한 다섯째가 빠지면 한낱 물거품에 지나지 않는다. 자신이 건강하지 못하면 어떠한 성공도 아무런 기쁨과 행복감을 느낄 수 없기 때문이다. 한 살이라도 젊을 때 건강을 위해 꾸준한 관리를 해야 한다. 나이가 있는 사람이라면 건강이 더 나빠지지 않게 하기 위한 방법을, 젊은 사람이라면 더 건강해지기 위한 건강 관리 방법을 찾아야 한다. 나도 현재 건강이 나빠지는 것을 방지하기 위해 일주일에 세 번씩 요가를 배운다. 내가 할 수 있는 범위에서 요가 동작을 50분간 따라 하는 것만으로도 몸과 마음이 가벼워지는 것을 느낀다. 나의 몸을 관찰하고 자세가 틀어진 것을 교정하는 동작을 할 때는 고통스럽기도 하지만, 하고 난 후의 바른 자세와 마음가짐은 나를 보다 발전시켜 준다.

한 살이라도 젊을 때 시간과 돈과 노력을 투자하라. 이 5가지 방법은 10년 후를 바라보며 현재 내가 하고 있는 투자다. 당신도 얼마든지 시작할 수 있다. 꿈으로 가는 길이 험하고 멀지라도 시간을 내고 돈을 들여서 그리고 부단한 노력으로 행동하라. 그 행동만이 당신을 활기차고 행복한 인생 2막의 성공자로 만들어 줄 것이다.

06

오직 나만이 할 수 있는 1인 창업을 준비하라

꾸물거리지 마라. 위대한 행운의 기회는 짧은 것이다.

– 실링스 이탈리쿠스

“박사도 CEO 출신도… 노인은 경비, 청소밖에 할 게 없어요.”

최근 뉴스에 보도된 내용이다. 3년 전 중견기업 관리직을 은퇴한 65세의 박 모 씨는 퇴직 후 형편이 크게 어려워졌다. 공학박사 출신으로 공장 설비관리 분야에서 전문성을 쌓아 재취업이 가능할 줄 알았지만 ‘낮은 생산성’을 이유로 고령자를 고용하려는 기업은 없었다. 열악한 급여의 경비나 청소가 박 씨의 연령대를 찾는 구인공고의 대부분이었고, 자재·창고 관리원이 그나마 수준 높은 직장이었다. 박씨는 “그래도 폐지를 줍지는 않아도 되는 게 어디냐.”라며 스스로를 위안했다.

목적지로 가기 위한 두 갈래의 길이 있다. 왼쪽 길은 가시넝쿨

이 무성한 채로 아무도 가지 않은 길이고, 오른쪽 길은 사람들이 쉴 새 없이 지나다니는 잘 포장된 도로다. 당신은 어느 길을 택할 것인가? 많은 사람들이 오른쪽을 선택할 것이다. 편하고 쉬운 길이기 때문이다. 목적지가 뻔히 보이는 길이라면 오른쪽을 택해서 가는 것이 맞다. 그러나 목적지가 보이지 않는 30년 이상을 가야 할 길이라면 한번쯤 다시 생각해 볼 필요가 있다.

오른쪽 길은 사람들이 계속 넘쳐나는 길이기에 다양한 음식점, 숙박 시설, 놀이 시설 등이 즐비하다. 문명의 혜택을 고루 누릴 수 있는 길에 내가 들어갈 자리가 없다. 모든 것이 포화상태다. 반면 왼쪽 길은 아무도 가지 않은 길이기에 내가 모든 것을 해결해야 한다. 길을 만들어야 하고, 먹을 것을 찾아야 하며, 잠잘 곳을 마련해야 한다. 쉴 틈이 없다. 하나에서 열까지 내 손이 필요하지 않은 것이 없다. 오른쪽 길을 간 사람은 자신이 스스로 생산할 수 있는 것이 없다. 이미 다 만들어져 있어 그것을 사용만 해야 한다. 돈도 부족하고 어디서라도 일을 해야 편안한 길에서 생활할 수 있다. 하지만 항상 사람들로 넘쳐난다. 왼쪽 길의 사람은 자신이 모든 것을 개척했기에 다음 사람들이 그 길로 들어오기 시작한다. 내가 걸어온 길로 다른 사람들이 걸어오고 있다. 당신은 숙식을 제공하고 그 너머의 길을 다시 개척한다. 기회는 무궁무진하다. 당신은 어떤 길을 갈 것인가?

최근 대학교에서도 창의적인 인재를 발굴하기 위한 프로젝트로 '창직' 열풍이 불고 있다. 아주대학교의 '파란학기제'와 이화여자대학교의 '도전학기제'가 바로 그것이다. 학생들이 휴학을 하지 않고도 다양한 학외 활동을 경험할 수 있게 하자는 취지에서 생겼다고 한다. 공모 절차를 통해 선발된 학생들은 지도 교수의 컨설팅 아래에 자금을 지원받기도 하고 클라우드 펀딩을 통해 부족한 자금을 충당하기도 한다. 강의실에서 정규 수업을 듣지 않아도 하고 싶은 일을 하면 최대 18학점까지 인정해 주는 제도다. 학생들에게 워낙 인기가 많아 대학 측에서는 계속 확대할 계획이라고 한다.

대학에서도 이제는 하고 싶은 일을 하는 인재를 배출하고자 하는 것이다. 취업의 현실에서 탈출구를 찾지 못한 학생들에게 자신이 하고 싶은 일을 하며 자신만의 길을 개척하라고 권유한다. 모두가 똑같은 길을 갈 필요는 없다. 저마다 하고 싶은 일과 잘할 수 있는 일이 분명히 있다. 취업 준비를 하기 전에 우선 그것에 대해 고민하고 스스로 내 삶을 개척할 수 있는 일을 찾는 것이 급선무다.

내가 대학에 다닐 때는 학생들이 넘쳐 났다. 대학도 학생들을 유치하는 데 큰 어려움이 없었다. 매년 쏟아져 나오는 고등학교 졸업생들이 재수와 삼수를 하며 대학을 가고자 노력했다. 대학의 수보다 학생들의 수가 많았기에 별 어려움 없이 대학 산업은 발전하고 있었다. 그러나 지금은 학생 수가 예전에 비해 현저히 낮다. 심지어 외국에서 학생을 데려오기까지 한다. 외국으로도 대학설명회를 간다고 하니 지방의 현직 교수들은 애로 사항이 더 많은 모양이다.

〈은퇴1인창업연구소〉를 개설하며 창직을 하기 위해 내가 했던 일들은 다음과 같다. 당신도 창직을 고민하고 있다면 이를 참고하기 바란다.

첫째, 뉴스를 매일 보았다. 신문, 방송, 인터넷 등 가릴 필요 없이 뉴스를 계속 접하면 사람들이 필요로 하는 일들이 보일 것이다. 당신이 궁금증도 생기는 일이 분명 있을 것이다. 그러면 그것을 해결할 방법을 생각해 보라.

나는 연일 뉴스에서 다뤄지는 명예퇴직, 희망퇴직 등에 대한 기사를 보고, 남편의 직장 문제들을 같이 고민하다 보니 은퇴 후 1인 창업에 대해서 생각할 수밖에 없었다. 우리의 생활도 넉넉하지 않았기에 정리해고에 대한 이야기를 들을 때마다 창업을 생각하게 되었다.

둘째, 문제점과 해결 방법을 생각하면서 책을 쓸 방법을 고민하고 전문가를 찾아서 코칭을 받았다. 활기차고 행복한 미래를 위한 은퇴 준비로 책을 통해 나를 알리기로 했다. 내가 고민하고 있는 문제들을 알려 공감대를 형성하고 같이 고민을 해결하기 위한 방법들도 제시했다. 누구나 쉽게 읽을 수 있는 책 쓰기 기술을 〈한국 책쓰기 성공학 코칭협회(이하 한책협)〉의 김태광 대표 코치에게 배웠다. 내가 쓰고자 하는 책은 노벨문학상을 받을 문학 서적이 아니다. 사람들에게 공감대를 형성해 스스로 행동할 동기를 부여해 주고 내가 실천했던 방법들을 알려 주는 자기계발서다.

은퇴 후 1인 창업에 관한 책을 쓰기 위해 관련 도서들을 구매했다. 새로 산 책장에 책이 가득 꽂혔다. 관련 도서들을 분석하고 내가 책을 구성할 방향들을 생각했다. 전문가와 함께 책의 구성 방법이나 내용을 만들고 그에 따른 나의 스토리를 녹여 글을 썼다. 쉽지 않은 작업이었지만 책 한 권을 완성했을 때의 그 행복함은 해 보지 않은 사람은 알 수 없다. 당신도 반드시 해야만 한다. 책 한 권 완성하지 않고 창업을 한다면 밑천 없이 사업을 시작하는 것과 같으며, 더 멀리 나아가고 더 크게 이룰 수 없음은 당연한 일이다. 책을 출간함과 동시에 나는 은퇴 후 1인 창업 분야의 전문가로 인정받게 될 것이다.

셋째, 책을 통해 나를 알리는 일도 우선시 되어야 하지만, 한 가지 더하자면 온라인을 통해 내가 하고 있는 일을 알리는 것도 매우 중요하다. 블로그와 카페 외에 다양한 SNS를 통해서 나를 알리고 누리꾼들의 공감을 일으켜 그들과 항상 소통해야만 한다. 나를 알고 찾아와 멘토링이나 코칭을 요청하는 사람들에게 성심껏 코칭해 주는 일이 내가 하고자 했던 일이기 때문이다. 나와 같은 고민들을 가지고 있고 내가 먼저 고민을 해결하려 한 길을 걸었기에 그들에게 내가 한 일련의 일들을 가감 없이 코칭해 줄 수 있었다. 당신도 은퇴 후의 삶에 대한 고민이 있거나 무언가를 하고자 마음먹었지만 방법이 막막하다면 나의 연락처인 010.2635.6429로 문의를 해도 괜찮다. 당신과 같은 사람들에게 조언을 해 주는 것이 바로 나의 소명이기도 하기 때문이다.

한창 벤처 열풍이 불 때 너도나도 창업을 하던 때가 있었다. 그러나 창업자의 80%는 사업의 어려움에 부딪쳐 실패하고 말았다. 준비 없이 열정만으로 창업을 한 결과 쓰디쓴 고배의 잔을 마셔야 했다. 지금도 준비 없이 시작하려는 사람들이 많다. 무엇을 하든 철저한 준비를 한다면 시간과 노력, 비용을 조금이라도 아낄 수 있다. 철저한 준비로 아낀 나의 시간과 노력, 비용은 창업 후에 모두 쏟아부으면 된다.

어디서부터 어떻게 시작해야 할지 모르겠다면 나에게 당신을 알려라. 당신에 대해 내가 좀 더 알 수 있다면 당신에게 이야기해 줄 아이디어가 무궁무진할 것이다. 당신의 문제에 대해 함께 고민하고 철저하게 준비하다 보면 어느새 창직으로 열정을 바치고 있는 당신을 발견하게 될 것이다. 창업과 창직의 기본은 사람을 이롭게 하는 데서 시작해야 한다. 사람에게 이로움을 줄 수 있는 사업은 시장성이 무궁무진하다. 사람에게 필요하고 이로우며 호기심까지 충족시켜 준다면 더할 나위 없는 사업이고 불황이 있을 수 없다.

우리나라는 전 세계에서 지하자원이 부족한 땅덩이가 작은 나라 중 하나다. 더군다나 남과 북으로 나뉘어 있다. 이 작은 땅에서 우리는 세계를 향해 힘찬 날갯짓을 하고 있다. 지하자원이 없어도, 땅덩이가 작아도 이루고자 하는 꿈을 가지고 이상을 펼치며 세계를 아우르고 있다. 앞으로 기술의 발전으로 현재 직무의 65.9%가 인공지능으로 대체될 것이라는 시점에서 창직을 준비하는 것이야말로 활기차고 행복한 은퇴를 위한 준비다. 이것은 선택이 아니라 필수다. 반드시 해야만 한다.

07

건강 관리는 은퇴 준비의 첫걸음이다

건강이 있는 곳에 자유가 있다. 건강은 모든 자유 가운데 으뜸이다.

- 앙리 아미엘

건강을 잃으면 모든 것을 잃은 것과 같다는 말이 있다. 젊다는 이유로 자신의 몸을 혹사시키고 있는 것은 아닌지 스스로 살펴보자. 나는 30대 초반에 결혼을 하고 큰아들을 출산한 후 한시도 쉬어 본 적이 없다. 마이너스 통장으로 신혼생활을 시작했기 때문인지도 모르겠지만 나름 열심히 일하며 살아왔다. 30대는 얼마나 활발히 활동할 시기인가. 앞만 보고 거침없이 달렸던 것 같다. 건강을 챙길 겨를도 없이 말이다.

그리고 40세에 둘째를 출산했다. 둘째의 태교를 위해 양산 신도시에 있는 양산천을 하루에 2시간씩 걸었다. 먹은 만큼 살로 가는 체질이라 열심히 걸었다. 9월에 출산을 했으니 봄부터 여름까지 배부른 모습으로 걷고 또 걸었다. 걸으면서 자연과 이야기를 나누었다. 피어나는 꽃을 보고 예쁘다 말해 주고 날아다니는 나비와 새들에게도 인사를 건넸다. 이런 태교를 통해서 태어난 둘째는 조금 더 감성적이라는 이야기를 듣는다.

7년 만에 둘째를 맞이한 터라 왠지 더 고마운 생각이 들기도 했다. 둘째가 생기지 않았을 때는 스스로를 자책하기도 했다. 초보 엄마로서 첫째를 키우면서 잘못한 것만 생각났기 때문이었다. 걷기 태교 중에 엄마로서 정말 둘째를 열심히 키우겠다고 다짐했던 기억이 난다. 임신중독 초기 증상인 고혈압 등이 왔지만 걷기 덕분에 무사히 자연분만으로 둘째를 출산했다.

첫째 아들은 돌봐 주실 분이 계셔서 일을 다닐 수 있었지만 둘째 출산 직후는 양산에 홀로 떨어진 우리를 돌봐 줄 사람이 없었다. 결국 내가 집에서 둘째를 키우기 위해 일을 그만두었다. 집에서 아이와 둘만 있다 보니 점점 운동과도 거리가 멀어졌다. 3년 이상을 그렇게 보냈다.

하루는 거울을 보니 얼굴에 살이 얼마나 붙었던지 코가 볼살에 파묻힐 것만 같았다. 건강에도 이상 신호가 오기 시작했다. 오른쪽 눈의 실핏줄이 자주 터졌고, 힘들거나 아프지도 않았는데 어느 날 갑자기 일어나기 힘들 만큼 어지러웠다. 몸이 공중에 붕 떠 있는 느낌도 들곤 했다. 가만히 누워 있는데도 안전장치 없이 롤러코스터를 타는 것 같았다. 순간 무서웠다. 그 순간 '내가 안일하게 몸을 내버려 뒀구나'라는 생각이 스치듯 들었다. 지체할 수 없었다. 다섯 살인 둘째를 유치원에 보내고는 무작정 공원으로 가서 걸었다. 한 시간 정도 천천히 공원을 돌며 걸었다. 땀도 조금 흘렀다. 나무들이 많은 공원을 걸으니 마음도 안정되고 몸도 상쾌했다.

한 달 동안 꾸준히 공원에서 걷기로 체력을 회복하기 시작했다. 육아로 찐 살들을 빼야겠다는 생각이 들었다. 근처 체육관에 등록을 하고 한 시간씩 강도 높은 크로스핏 운동을 했다. 두 달 정도 운동을 하고 나니 몸이 한결 가벼워졌다. 신기하게도 걷기 운동을 하는 동안 어지럼증도 자연스럽게 사라졌다. 운동을 하면서 물도 평소보다 많이 마시게 되었다. 물을 마시는 일을 귀찮게 생각했었는데 운동을 하면서 물 마시기가 아주 중요한 것임을 알게 되었다.

지인들의 말을 들어 보면 사람이 40세 전후가 되면 체력이 현저히 떨어지는 것을 느낄 수 있다고 한다. 꾸준히 운동을 해서 몸을 관리한 사람이라면 잘 모르겠지만 나처럼 운동을 멀리했다면 분명 몸에서 이상신호를 보낼 것이다. 이상신호를 감지하기 전에 몸을 관리해야 한다.

당신은 어떻게 몸을 관리하고 있는가? 만약 나처럼 관리를 소홀히 하고 있다면 다음의 기본적인 것부터 시작하자.

우선 물을 많이 마셔야 한다. 성인 몸의 수분 비중은 몸무게의 약 65~70% 정도다. 우리 몸은 대부분이 수분이라고도 할 수 있다. 나이가 들수록 수분은 우리 몸에서 비중이 줄어드는데 이것을 계속 유지시켜 주어야 한다. 체내의 수분이 2% 부족해도 갈증이 생기고, 5%가 부족하면 혼수상태에 빠지며, 12%가 부족하면 죽음에 이르게 된다고 한다. 체내에서 물은 변비 예방, 충치 및 구취 예방, 피부 노화 방지, 다이어트 및 해독 작용을 하는 효능이 있다고 하니 산소 다음으로 매우 중요하다 할 수 있다. 기네스북에 물만 먹고 180일을 살았다고 하는 최고기록이 있을 정도다.

다음으로 많이 걸어야 한다. 대중교통의 발달과 바쁜 일정으로 인해 현대인들은 과거에 비해 걷는 시간이 많이 줄었다. 걷기의 중요성을 알기에 만보기를 몸에 차고 다니며 하루 만보 이상 걷기를 하고 있는 사람들도 있다. 나의 경우는 스마트폰에 따로 어플이 설치되어 있어 하루 동안 걷는 시간을 체크한다.

남편의 경우도 회사에 출근할 때 자차를 이용하기보다 대중교통을 이용하고 하차 후 20분 정도는 땀을 내며 걸을 수 있도록 노력하고 있다. 또한 직책이 생산관리 팀장인지라 항상 생산라인을 돌며 여기저기 보완할 부분과 필요한 부분을 검사해야 한다. 늘 발로 현장을 돌며 직원들의 안전과 시설물의 보완 등을 눈으로 확인한다. 이른 새벽부터 늦은 저녁까지의 직장생활로 고단한 몸이지만 업무를 좀 더 활동적으로 하는 일이 남편에게는 건강을 지키는 생활이다.

하루에 30분 이상은 걷도록 노력하자. 누구나 쉽게 할 수 있고 다른 운동처럼 장비나 비용이 필요 없다. 짧은 시간에도 땀이 날 수 있도록 하려면 조금 빨리 걷는 방법을 익히자. 걷기에도 바른 자세는 매우 중요하다. 혈액순환이 원활해지고, 심혈관 질환을 예방할 수 있으며, 호흡기능을 좋게 한다. 매일 30분 이상씩 걷는 습관을 들이면 근력이 증대되고 체내 노폐물 배출이 활성화되어 스트레스는 완화되고 면역 기능도 개선된다.

운동에 대한 관심은 높지만 직장인 10명 중 6명은 운동을 하지 않는다는 조사 결과가 있다. 운동을 하지 못하는 이유 중 35%가 '귀찮아서'였다. 자신의 건강을 지키는 일이 귀찮은 일이 되어서는 안 된다. 어릴 때는 젊다는 이유로 혹은 규칙적인 운동보다도 놀고 즐기는 일이 하나의 건강 관리일 수 있었다. 하지만 나이가 들면 기본적인 건강 관리를 하는 일이 필수다. 건강하지 못해 직장생활을 병행할 수 없는 사람들이 주위에 많다. 아무리 업무 능력이 뛰어나더라도 자신의 건강을 지키지 못한 사람은 어느 곳에서도 환영받지 못한다. 남편의 회사에서도 매년 건강검진을 실시하는데 건강에 문제가 있는 사원은 재계약이 어려울 수 있다 하니 당신도 예외일 수 없다.

건강 관리에 최선을 다하는 이유는 활기차고 행복한 은퇴를 하기 위해서다. 온 열정을 직장생활에 바치느라 자신의 기본적인 건강을 지키는 일을 소홀히 해서는 안 된다. 모든 은퇴의 준비는 건강이 받쳐 주지 않는다면 아무런 소용이 없다. 아무도 나의 건강을 책임져 주지 않는다. 나 자신만이 나의 건강을 지킬 수 있다. 건강 관리에 최선을 다하는 것은 은퇴 준비의 첫걸음이며 나아가 활기차고 행복한 은퇴를 위한 적금이자 연금이다.

08

누구에게나 인정받는 멀티플레이어가 되라

모두가 비슷한 생각을 한다는 것은 아무도 생각하고 있지 않다는 말이다.

- 알버트 아인슈타인

과거에는 50대 중반에 은퇴를 해도 평균수명이 지금처럼 길지 않았기 때문에 은퇴 후의 삶에 대한 생각이 지금과 같지 않았다. 조용한 곳에서 편안히 여생을 보내면 그만이었다. 대부분 은퇴 후 전원주택을 마련해 텃밭을 가꾸며 가끔 손자들이 오면 반가이 맞아 주는 것이 자연스런 일이었다.

그러나 지금은 평균수명이 늘어나고 정년이 오기도 전에 희망은퇴 또는 명예퇴직 등으로 인해 아무런 준비 없이 다시 사회로 내버려지고 있다. 의료기술의 발달로 수명도 점점 늘어나 앞으로 30~40년을 무엇을 하면서 보내야 할지 막막하기만 하다.

태어나서 대학교 교육까지 약 16년의 교육을 받고, 30~40년 직장생활을 하고도 은퇴 후 약 40년을 더 살아야 한다. 시간이 너무 길다. 전 세계적으로 베이비붐 세대의 은퇴가 시작되었다. 여러 곳에서 노년의 생활을 우려하는 목소리가 커지고 있지만 실질적인 생활패턴은 쉽게 변하지 않는다. 교육을 받는 데 인생의 4분의 1 이상을 보내고 이리저리 이직하며 직장생활을 하고 퇴직한 노후는 불안감과 허무함으로 살아가게 된다. 그러므로 직장 은퇴 후의 생활을 우리는 미리 대비해야만 한다.

미국의 은퇴생애설계 전문가 리처드 J. 라이더 박사는 1970년대 은퇴자들 수만 명을 대상으로 은퇴 후 하고 싶은 일에 대해 인터뷰한 결과 '자아성찰', '새로운 일에 도전하기', '나와 맞는 일을 찾기' 등의 답변을 얻었다.

자신이 살아온 인생을 되돌아보고 삶의 목표를 재수정해 더 나은 인생으로 만들기 위한 자아성찰이 첫 번째다. 목표를 만들고 자아성찰을 위한 시간을 가지지 않는다면 나의 미래와 노후는 끈 떨어진 연과 다름없다. 이리저리 휘둘리게 된다는 뜻이다.

두 번째는 '새로운 일에 도전하기'로, 이제까지 밥벌이를 위해해 왔던 일들을 졸업하고 내가 좋아하고 하고 싶은 일을 찾아야 한다. 나이를 핑계로 포기하지 말고 새롭게 시작할 수 있는 일을 찾아보고 용기를 가지고 도전해 보자. 나이는 숫자에 불과하다.

세 번째로, 나와 맞는 일을 찾기 위해서는 여러 가지 새로운 일에 과감하게 도전해야 한다. 미리 많은 새로운 일을 해 보기도 전에 포기하지 말자. 생각에만 머무르지 말고 행동으로 옮겨야 한다. 집 밖을 나와서 몸을 움직이자. 어디든 새로운 일이 있는 곳을 찾아가서 도전하자.

은퇴의 영단어 'retire'는 타이어를 새롭게 장착한다는 의미가 있다. 자동차의 타이어를 교체하는 것은 새 타이어로 자동차를 더 잘 달릴 수 있도록 하기 위함이다. 새로운 전환기이지 모든 것을 내려놓고 쉬는 것이 아니라는 것이다.

1980년에 출간된 앨빈 토플러의 《제3의 물결》은 무명 저널리스트였던 그를 세계적 지식인의 반열로 올려놓은 베스트셀러다. 이 책은 21세기에 다가올 정보혁명과 정보사회를 정확히 예견해 세상의 주목을 받았다. 그는 다음에 다가올 '제4의 물결'은 속도와 공간의 혁명으로 생물학과 우주산업의 결합이라고 말했다. 인터뷰 중 "왜 미래를 준비해야 하는가?"라는 질문에 자신이 스스로 미래를 준비하지 않으면 다른 이에게 좌지우지되는 자신의 미래를 보게 될 것이라고 답변했다.

나는 대학교 학부 과정에서 앨빈 토플러를 처음 접하게 되었다. 컴퓨터 공학을 학부전공으로 선택했고 관련 서적들을 공부하면서 미래에 대한 호기심과 세상의 변화에 관심을 가지게 되었다. 수업 중에 과제로 앨빈 토플러의 《부의 미래》를 읽어야 했는데, 책 내용 중 '프로슈머'라는 용어가 있었다. 미래의 지식산업사회로 가게 되면 생산자와 소비자가 구분되는 것이 아니라 소비자이면서 생산자가 되는 프로슈머(prosumer = producer + consumer) 세상이 도래한다는 것이다. 앨빈 토플러 박사의 예견은 적중했다. 현재는 생산자와 소비자의 경계가 명확하지 않다. 생산자의 입장에서도 소비자의 의견이 대폭 반영되는 제품을 생산하기도 하고 소비자들이 실사용 중에 제시한 제품이 생산되어 판매되기도 한다. 예를 들면 연예인 이경규의 꼬꼬면, GS25 편의점의 삼각김밥, LG전자의 초콜릿폰 등이 있다.

이경규의 꼬꼬면은 방송 중에 그가 만들었던 레시피를 상품화해 신제품을 출시했고 대박을 터트렸다. GS25 편의점은 고객들에게 삼각김밥 공모전을 열어 삼각김밥에 고객의 레시피를 적용한 신상품을 출시했고 현재도 인기리에 판매되고 있다. LG전자의 초콜릿폰은 얼리어답터들과의 협업을 통해 탄생한 제품이다. 휴대전화 제작과정에 직접 참여해 의견을 반영하고 충성고객을 형성해 온라인 시장에 큰 영향력을 발휘한 경우였다.

어린 아들 둘을 기르다 보면 힘든 일이 많지만 그중에서도 식사시간에 밥을 먹는 둥 마는 둥 하고 다른 놀이를 하는 것을 볼 때면 참을성이 한계에 도달하기도 한다. 요즘 아이들은 밥을 먹으면서 스마트폰도 하고 전화, 게임, 숙제 등 다양한 것들을 가져와서 한다. 그래서 우리 집 식탁은 다른 물건이나 책들이 차지하는 경우가 많다. 우리 아이들이 맞이할 미래는 이렇듯 다양한 일들을 동시에 처리해야 하는 시대가 될 것이다. 인생 2막에서는 다양한 직업들을 선택해 자신이 하고 싶은 일과 잘할 수 있는 일을 처리하는 멀티플레이어가 되어야 한다.

현재 국민의당 대표인 안철수의 첫 번째 직업은 의사였다. 그 후로 컴퓨터 바이러스 전문가, 벤처 CEO, 저자, 강연가, 교수, 대학원장 등의 직업을 두루 거쳤다. 언제든 다른 직업으로 전환하기 위한 때가 오면 직업에 대한 공부를 철저히 했고 각 분야에서 크나큰 성공을 거뒀다. 우리도 인생 2막의 평생직업을 갖기 위한 멀티플레이어로서의 삶을 꿈꿔 보는 것은 어떨까? 물론 시행착오와 함께 주위의 비난과 욕설이 들릴 수도 있지만 슬기롭게 헤쳐 나갈 수 있는 지혜를 우리는 이미 갖고 있다. 두려워하지 말고 소심해지지 말자.

우리가 가진 지혜와 연륜은 이제 할머니와 할아버지로서 손자와 손녀들을 위해서만 허비해야 할 것이 아니다. 모든 인류의 문제들을 같이 고민하고 지식과 경험을 나누며 서로 윈윈할 수 있는 삶을 살아가는 것이다. 우리의 노후는 손자들을 기다리는 것이 아니라 현 사회의 구성원으로서 사회적인 문제를 같이 고민하고 연륜이 쌓인 지혜를 나누는 것이다.

100세 시대, 인생을 보는 패러다임을 바꾸어야만 한다. 기존의 체계와 시스템은 지워 버리자. 삶에 안주하며 살지 말자. 나의 인생은 나만이 책임질 수 있다. 내가 결정하고 선택한 모든 일에는 후회도 없다. 저지른 일에 대한 후회보다 하지 못한 일들에 대한 후회가 더 큰 법이다.

PART

3

미리 하는 7가지 은퇴 공부법

01

자신만의 꿈 노트를 만들어라

꿈을 날짜와 함께 적어 놓으면 그것은 목표가 되고,
목표를 잘게 나누면 그것은 계획이 되며, 그 계획을 실행에 옮기면 꿈은 실현된다
- 그레그 S. 레이드

당신의 꿈은 무엇인가? '나의 꿈은 ~이다'라고 구체적으로 말할 수 있는가? 만약 지금 당신의 꿈이 구체적이지 않거나 아직 꿈을 찾지 못했다면 지금부터라도 꿈을 찾아보라. 내 주변에는 꿈이 없는 사람들이 꽤 많다. 단지 먹고 쓰고 일상생활을 유지하기 위해 직장을 다닌다. 자녀들에게는 꿈을 가지라고 말하면서 정작 자신은 꿈이 없다. 당장 내일 일도 모르는데 꿈이 뭐냐고 반문하는 이도 적지 않다.

그렇다면 우리는 왜 꿈을 가져야 할까? 꿈이 있는 사람과 꿈이 없는 사람은 무엇이 다를까? 스페인의 대문호 발타자르 그라시안은 다음과 같이 말했다.

"꿈을 품어라. 꿈이 없는 사람은 아무런 생명력도 없는 인형과 같다."

다시 말하면 꿈은 생명력이라고 할 수 있다. 나의 튼튼한 생명력은 꿈을 품음으로써 유지된다.

은퇴 준비를 할 때 꿈을 먼저 생각해야 하는 것은 무엇 때문일까? 누군가는 은퇴 준비 시 일단 경제적 여력이 있어야 한다고 생각할 수도 있다. 틀린 말은 아니다. 그렇지만 나는 돈보다 꿈이 먼저라고 강력하게 주장하고 싶다.

나는 동기부여가 및 자기계발 작가이기도 하지만 두 아들을 둔 14년 차 주부이기도 하다. 나의 결혼 생활은 마이너스 통장으로 시작되었다. 만약 남편과 행복한 결혼 생활에 대한 꿈을 꾸지 않았다면 돈이 없었던 나는 결코 결혼할 수 없었을지도 모른다. 경제력이 없었던 우리 두 사람은 결혼을 통해 서로에게 사랑과 용기를 주면서 미래를 조금씩 그리기 시작했다. 아이가 생기기 전까지는 맞벌이를 열심히 해서 돈을 모으리라 생각하고 혈기 왕성한 젊음을 밑천으로 서로 의지하며 노력했다.

일 년 뒤 아이가 생겼고 9개월 뒤에 출산했다. 아이를 친정에 맡기고는 다시 일을 하면서 아이가 초등학교에 가기 전까지 꼭 내 집을 마련하리라 다짐했다. 그 후 마음에 드는 아파트의 모델하우스 등을 갓난아이와 함께 수없이 방문했다. 아파트에 관한 책도 읽어 보며 우리 가족의 첫 아파트를 무작정 그려 보기도 했다. 그래서 나는 지금은 돈이 없지만 연인과의 행복한 결혼 생활을 꿈꾸는 독자에게 희망을 줄 수 있는 롤모델이 되었다.

꿈을 찾아야 하는데 어디서 어떻게 찾아야 할지 막막하다면 좀 더 쉬운 방법도 있다. 평소에 당신은 필요한 물건이 있으면 어디서 사는가? 집 앞 슈퍼에서 필요한 것을 사는 사람인가? 아니면 대형 마트에서 사는 편인가? 꼭 백화점에서 사야 직성이 풀리는 사람인가? 어느 쪽이든 상관없다. 꿈을 당신이 사고 싶은 물건 중 하나라고 생각하라. 그리고 그 꿈을 파는 가게가 있다고 생각하라. 거기서 당신은 한도가 없는 신용카드를 들고 마음에 드는 꿈을 고를 수 있다. 자, 당신은 어떤 꿈을 고를 것인가? 어떤 꿈은 원 플러스 원이다. 또 다른 꿈은 덤으로 작은 꿈이 몇 개 더 서비스로 제공된다. 이제 당신은 갖고 싶은 것을 고르기만 하면 된다. 직접 가서 고를 시간이 없다면 홈쇼핑이나 인터넷을 통해 구매할 수도 있다. 마음껏 골라 보자. 당신의 생각보다 좀 더 큰 꿈을 선택하라. 우리는 더 크게 꿈꾸고 더 크게 이루어야만 한다.

꿈을 고르고 구매했다면 온전히 나의 것으로 만들어야만 한다. 그러려면 먼저 꿈을 생각해야 한다. 사랑하는 연인을 생각하듯 사랑과 행복이 가득 담긴 마음으로 내 꿈을 생각하라. 그다음에 나의 꿈에 대해서 늘 이야기해야 한다. 꿈을 이루어 고맙다고 표현하자. 나 자신에게 나의 꿈을 매일 이야기하고 다른 이들에게도 나의 꿈에 대해 설레는 마음으로 이야기하라. 단 나를 지지해주는 사람들에게만 이야기해야 한다.

마지막으로 자신의 꿈을 노트에 적어라. 이때 오감을 꼭 활용하라. 사랑스러운 눈으로 꿈을 보고, 부드러운 손길로 꿈의 감촉을 느끼며 꿈을 노트에 적는 순간에 향기로운 냄새도 맡아 보고 앵두 같은 입술로 읽어 보면서 쫑긋 귀를 세워 감미로운 자신의 목소리도 듣는다.

강철왕 앤드류 카네기는 자신의 꿈을 종이에 적고 하루에 두 번 기상 후와 취침 전에 큰소리로 평생 동안 읽었다고 한다. 이것이 그가 주급 1달러 20센트의 공장 노동자에서 개인 자산 4억 달러에 이르는 갑부가 된 비밀이다. 당신도 할 수 있다.

이러한 방법이 꿈으로 다가가는 일반적인 방법이라면 꿈이 실현되기 위한 추월차선이 하나 더 있다. 그것은 바로 "이미 이루어졌다고 생생하게 상상하라."는 것이다. 생각만 해도 가슴 떨리는 꿈이라면 우리는 어떤 것이라도 할 수 있고 될 수도 있다. 스스로 "안 돼."라고 말하고 당신의 한계를 직접 정하지 말자. 누구도 나의 인생과 꿈을 한계 지을 순 없다.

어느 일요일 자주 가는 교보문고에서 책을 읽다가 '나도 작가가 될 수 있다'라는 생각이 들었다. 집으로 돌아와 남편에게 "나도 책을 써서 작가가 될 거야."라고 말했다. 그리고 나의 공동저서인 《버킷리스트8》에 "작가가 되어 일 년간 강의 스케줄이 꽉 찬 1인 사업가가 된다."라고 당당히 적었다.

현재 나는 꿈을 실현하기 위한 단계를 밟아 나가고 있는 중이다. 작가로서 독자들 앞에서 강의하는 내 모습을 생생하게 그리고, 큰 무대에 선 내 모습과 이야기에 몰입해 나와 함께 웃고 있는 청중들의 모습을 그린다. 그리고 박수갈채 속에서 당당하게 서 있는 나 자신을 확인하고 강당의 시원한 공기와 청중들의 열기 등을 느껴 본다.

영화 〈007 두 번 산다〉의 주제가 중 낸시 시나트라가 부른 'You only live twice'라는 곡 가사 중에 다음과 같은 구절이 있다.

"여기 두 개의 삶이 있습니다. 하나는 당신의 현실적인 삶이고 또 하나는 당신이 꿈꾸는 삶입니다. 이 꿈도 당신의 것입니다. 다만 그 꿈을 이룰 대가를 치를 준비를 하세요. 꿈을 이루세요. 왜냐하면 누구에게나 두 개의 삶이 있기 때문입니다."

노래 가사를 읽어 보면서 가슴이 떨리고 흥분되는 것을 느꼈다. 내가 꿈꾸는 삶도 내 것임을 다시 확인받았기 때문이다. 당신도 나와 같은 떨림을 느꼈기를 바란다.

홍콩의 슈팅갤러리 오너이면서 CF 감독인 손정 대표는 꿈을 이루기 위한 대가를 두려워 말고 자신의 꿈을 찾아 나서라고 말했다. 국내 광고회사의 말단 직원으로 사회생활을 시작한 그녀는 CF 감독이 되기 위한 꿈을 실현시킬 도시로 여성의 사회활동이 우리나라보다 자유로운 홍콩을 택하고 과감히 삶의 터전을 옮겼다. 손정 대표는 주변에서 CF 감독이 될 수 없는 이유를 명백하게 들었지만 자신의 꿈을 포기하지 않았다. 주변의 말만으로 자신의 한계를 정하고 꿈을 포기했다면 지금의 손정 CF 감독은 존재하지 않았을 것이다. 그러나 그녀는 주변의 만류를 뿌리치고 그녀가 바라는 삶을 개척했고 수없이 많은 인기 광고를 감독하며 지금의 자리에 앉게 되었다.

자신의 꿈을 노트에 적는 행위는 나의 의지에 대한 의식의 확고한 표명이며 꿈으로 가는 길의 시작이다. 보다 크게 꿈꾸고 보다 크게 이루어 내자. 그리고 꿈으로 가는 길에서 일어나는 모든 일들을 나만의 방법으로 즐길 수 있도록 긍정적인 마음의 눈으로 모든 현상을 대하자. 예를 들어 비가 온다면 비를 피할 수 있도록 우산이 있음에 고마움을 느끼고 말로 표현하는 것이다. 당신은 잘할 수 있다. 내가 이룬 것처럼 우리 모두가 꿈을 이루어 나가는 길이 활기차고 행복한 인생 2막을 위한 꽃길일 것이다.

02

1인 창업으로 인생 2막을 계획하라

기회란 포착되어 활용되기 전에는 기회인지조차 알 수 없는 것이다.

- 마크 트웨인

당신은 지금 무슨 일을 하고 있는가? 만약 직장을 다니고 있다면 나는 이 질문을 하고 싶다. 당신의 직장에서 "이 문자를 받으신 귀하는 2017년 1월 30일 18시부로 근로계약이 만료되었음을 통보합니다. 그동안 고생하신 근로자분들의 노고에 경의를 표하며 귀하의 앞날에 무궁한 안녕을 빕니다."라는 문자 메시지를 보내온다면 당신은 어떤 생각이 들까? '그래. 내가 이날까지 정말 수고했지. 이제 집에서 편히 쉬어야겠어'라고 생각할 수 있을까? 나라면 아마도 걱정과 불안감이 먼저 찾아오고 뒤이어 속에서 불같은 화가 치밀어 오를 것 같다. 아마 당신도 다르지 않을 것이다.

최근 조선업의 불황으로 구조조정을 당했던 경력직 직원들을 위한 채용박람회가 열렸다. 한 중공업 회사에서 34년간 성실히 일했던 김장현 씨는 '2017 조선업 퇴직자 채용박람회'에 참석했다가 매우 실망했다. 참여한 대부분의 업체에서 최저임금 수준의 급료를 제시하고 있었기 때문이었다. 그나마 비슷한 직종의 업무여서 마음에 들었지만 간병사, 미화원, 택배기사 등의 전혀 관련이 없는 분야의 업체들도 박람회의 자리 메우기 형식으로 들어와 있었다. 그는 자꾸 자괴감에 빠지는 것 같아 마음이 무척 괴로웠다.

또 다른 은퇴자 박현수 씨는 회사 인사담당자의 말이 자꾸 뇌리에서 맴돌았다. "회사에서 더 이상 당신이 필요 없으니 나가라고 한다면 아무 말 없이 나갈 수 있나요?" 채용하는 자리의 인터뷰에서 이런 질문에 "아니요."라고 대답한다면 채용이 되지 않을 것은 당연한 일이었다. 한때는 연봉 1억 원까지 받으며 일했던 그였다.

일 년 간 출산 휴가를 보내고 복직한 윤미영 씨는 이제 갓 돌 지난 아이가 아파서 일주일이나 입원했지만 단 하루도 휴가를 낼 수가 없었다. 출산 휴가를 보내고 와서 연차 휴가가 없었기 때문이다. 인사팀에 찍힐까 봐 근무 말고는 다른 방법을 생각할 수도 없었다. 주위 동료들에게도 눈치가 보이기는 마찬가지였다. 예전보다는 육아휴직에 대한 인식이 많이 유연해지기는 했지만 미영 씨의 사례처럼 복직 후의 문제가 첩첩산중이다. 현행법도 일 년간 사용하지 않는 연차는 소멸한다는 내용이 있어 법 개정 없이는 이러한 문제들을 해결하기가 쉽지 않은 상황이다. 국회에서 이러한 문제에 대한 근로기준법 개정안을 내놓기는 했지만 아직 공론화되지도 않은 상태다.

결혼 4년 차인 직장인 신정훈 씨는 지난달 병원에서 정관 수술을 받았다. 경제적 부담으로 부부가 아이를 낳지 않기로 결정하고 확실한 피임법으로 수술을 택했다. 자신도 넉넉지 않은 형편으로 아이에게 안 좋은 경제적 여건을 물려주고 싶지 않기에 결정한 사항이었다. 또래 직장인들이 모이면 "과연 아이를 낳아 기르는 것이 가능할 것인가?"로 자주 이야기를 한다고 했다.

결혼 전 그는 결혼을 하면 아이를 낳을 생각이 있었다. 그러나 서울에서 살고 있었던 그는 점점 서울 외곽으로 전셋집을 옮겨 다녀야 했다. 또한 직장도 평생 다닐 수 있을지 장담할 수 없었다. 맞벌이로 돈을 벌긴 했지만 전세자금의 대출금 이자와 생활비, 적지만 부모님에게 용돈을 드리다 보면 저축할 돈도 없었다. 그의 머릿속에는 '아내가 임신을 하면 직장을 다닐 수 있다는 보장도 없고 돈은 더 많이 들어갈 것이고 아이가 태어나면 필요한 것들을 제때에 사 줄 수 있을까?'라는 생각이 꼬리에 꼬리를 물었다. 결국 고민 끝에 "그래. 차라리 낳지 말자."라고 부부가 결론을 내리게 되었다고 말했다.

이러한 내용들은 단편적이지만 이 시대의 어려운 상황을 고스란히 보여 주고 있다. 나도 결혼 전에는 미래에 대한 불안한 생각을 할 때도 있었다. 예를 들어 '직업은 가질 수 있을까?', '결혼은 어떻게 하나?', '아이는 생길까?', '내 집은 마련할 수 있을까?' 등이었다. 다행히 성실한 직장인 남편을 만나 결혼을 했고, 내 집은 없었지만 시댁에서 시어머니와 함께 살며 신혼살림을 꾸릴 수 있었다. 첫 아들을 낳고서는 친정을 오가며 맞벌이를 했다. 가끔 작은 아파트 부엌 창문으로 신도시에서 아파트 공사를 하는 모습을 보며 '저기 새 아파트에 살면 참 좋을 텐데…' 생각하기도 했다. 나보다 좋은 조건으로 결혼한 친구를 보며 부러워한 적도 많았다.

첫아들 지훈이가 다섯 살이 되던 해에 부산 근교 양산 신도시에 아파트를 사게 되었다. 결혼 후 6년째 되던 늦가을이었다. 아파트 매입 자금이 모자라 은행 대출까지 받았다. 거기서 우리 세 가족은 행복하게 살았다. 3년 뒤 둘째 아들 강훈이가 태어났다. 둘째를 온전히 내 힘으로 길러야 했기에 더 이상 맞벌이를 할 수 없었다. 외벌이로 전향하긴 했지만 성실한 남편의 월급이 결혼 전보다 두 배로 늘었기에 크게 쪼들리지는 않았다. 아파트의 대출금 이자도 갚고, 조금이지만 저축도 하면서 생활했다.

그러다 부동산 시장에 호황이 왔다. 나도 집에만 있을 수는 없었다. 유모차를 밀며 분양권, 미분양 아파트 등을 사고팔면서 약간의 여유가 생겼다. 그러나 영원히 젊은 시절만 있을 것 같던 우리 부부가 벌써 40세를 넘기고 있음을 몸으로 실감하게 되었다. 남편의 직장에서도 구조조정에 대한 이야기가 나돌기 시작했다.

그때부터 남편과 함께 미래를 다시 생각해 보게 되었다. '지금 직장을 잃는다면 과연 우리는 어떻게 살아갈 수 있을 것인가?'를 고민하게 되었다. 딱히 답이 있지는 않았다. 그저 우리 부부는 틈틈이 시간이 날 때마다 책을 읽었다. 결혼 후 아파트에 살고 싶었기에 아파트와 부동산 관련 책들을 챙겨 보았고, 남편은 직장 생활을 알차게 보내기 위해 경제경영 서적들을 읽었다. 온라인 강의보다는 오프라인 강의를 듣고 싶어 멀리 서울과 대전 등을 오가며 자기계발 교육도 받았다. 막연한 미래에 대한 불안감을 우리는 최대한 할 수 있는 것으로 희석시키고 있었다.

내가 원하는 교육이면 돈을 내고서라도, 사는 곳과는 멀리 떨어져 있더라도 찾아서 받아야 한다고 생각했다. 우선 전문가의 도움을 받아 나만의 생각과 경험들을 책으로 써내기 시작했다. 나와 같이 막연한 미래를 어떻게든 준비하고 싶은 사람들에게 도움이 되리라 생각했다. 주위를 돌아보니 많은 사람들이 불확실한 미래를 불안해하면서도 단지 저축과 연금으로 생계를 유지할 뿐이었다.

책을 쓰고 강연을 다니고 멘토링을 원하는 사람들을 코칭하는 일은 쉽지 않다. 나는 사람들에게 의식을 심어 주고 함께하자고 늘 이야기했다. 나의 코칭을 받고 따라오는 사람들은 작지만 알찬 이익을 얻었다. 그러나 도와주려는 사람을 믿고 행동하지 않으면 아무런 일도 일어나지 않는다. 나를 도와주고자 하는 사람을 알아보지 않으려 하는 것도 당신의 선택이다. 이미 나는 인생 2막을 나만이 할 수 있는 1인 창업이 답이라고 생각했기에 미리 준비해서 계속 나아가고 있다. 당신도 나와 함께 나아가자.

03

책으로 자신을 브랜딩하라

나는 삶을 변화시키는 아이디어를 항상 책에서 얻었다.

- 벨 훅스

당신은 당신만의 특별한 가치를 가지고 있는가? 이 세상에 어떤 것도 가치가 없는 것은 없다. 나는 결혼 후 내 집이 없었던 시절부터 부동산에 관심이 많았다. 친정과 시댁을 오가며 주변에 널려 있는 광활한 아파트 단지들을 보면서 "저 많은 아파트들 중에서 내가 살 곳이 하나 없네."라며 남편과 이야기하기도 했다. 새 아파트에서 살고 싶었기에 아파트 관련 책을 보며 여러 가지 꿈을 꾸기도 했다. 매일 올라오는 경제 관련 뉴스도 꼼꼼히 살폈다.

어린 아이들을 대동하고 부동산 사무실도 수없이 다녔다. 지금 살고 있는 아파트 단지에도 상가에 부동산 사무실이 10군데가 넘는다. 부동산 사무실마다 공인중개사 자격증을 가진 소장님들이 정말 많다. 부동산 중개업을 막 시작한 분들도 계시고 오래도록 한 분들도 있다. 가끔 부동산 사무실이 한가한 시간을 찾아 소장님들과 대화를 하다 보면 부동산 이야기부터 자신이 겪은 경험담을 간간히 들려줄 때도 있다. 재미있는 이야기와 다양한 경험들이 많다. 그러나 그것뿐이다. 다양한 경험과 지식이 자신에게서만 끝나버린다. 아니면 간간히 찾아오는 몇몇 단골손님들에게만 자신의 경험을 이야기할 뿐이다.

책을 쓰기 시작하면서 가끔 부동산 사무실을 들러 이곳저곳에 대한 정보들을 소장님들과 이야기하다가 먼저 말을 꺼냈다.

"소장님의 정보와 경험들이 많은 도움이 되었습니다. 이런 것들을 책으로 펴내실 생각은 없으세요?"

"사모님도 참. 책은 유명한 사람들이나 내는 거죠."

아니다. 책을 써서 유명해져야 하는 것이 바로 우리의 일이다. 내가 누군지도 모르는데 어느 누가 책을 쓰자고 달려들겠는가? 이미 유명세를 탄 사람들은 책이 단지 하나의 스펙에 불과하다. 유명하기 때문에 출판사에서 너도나도 러브콜을 보낸다. 그러나 우리는 스스로 특정 분야의 전문가임을 미리 알리는 것이 좋다. 내가 쓴 책은 성공하기 위한 필요조건이라 할 수 있다.

《나는 쇼핑보다 부동산 투자가 좋다》의 이나금 대표가 있다. 그녀는 공인중개사로 '직장인을 위한 부동산 투자 연구소(이하 직부연)'를 운영한다. 일개 공인중개사 소장에 지나지 않았던 그녀는 여러 투자로 많은 빚을 지기도 했다. 그러나 그에 굴하지 않고 책을 통해 다시 한번 인생의 큰 기쁨을 누리고 있다. 그녀에게서 배운 직장인들이 부동산으로 이익을 보고 있음은 말할 것도 없다. 또한 이 대표는 제자들로 인해 더 큰 기쁨과 그녀만의 브랜드를 가지게 되었다. 이나금 대표가 운영하는 '직부연'은 단 한 권의 책을 출간함으로써 브랜딩되었고 그녀는 인생역전을 이뤘다.

당신도 당신만의 가치를 찾자. 남들과 특별한 차이가 없는 것일 수도 있다. 하지만 그것의 가치를 알고 있느냐 없느냐는 하늘과 땅 차이다. 내가 그것에 가치를 부여하고 노력을 투자해서 헌신적으로 발굴한다면 나만의 브랜드가 될 수 있음을 기억하자. 친구들과의 만남에서 가십거리로 끝나는 일인지, 그것을 브랜딩해서 내 가치로 인정받을 것인지는 당신의 선택에 달려 있다.

우선 내가 하고 싶고 잘할 수 있는 일을 찾아야 한다. 나만이 갖고 있는 지식과 스토리는 오롯이 나만의 것이기에 누구도 나와 같을 수 없다. 이러한 스토리를 가지고 자신의 책을 써야 한다. 책을 써야 자신을 우리나라뿐만 아니라 세계 곳곳에 알릴 수 있다.

책이 출간되기 전에 나만의 지식과 경험을 공유할 시스템 또한 만들어야 한다. 책이 오프라인에서 나를 알려 준다면 나의 스토리를 공유할 시스템은 온라인에서 나를 알려 줄 것이다. 책을 통해 자신을 알리고 있는 예는 비일비재하다. 공병호 작가, 혜민스님, 김미경 스타강사, 안철수 국민의당 대표 등 수없이 많다. 성공한 사람만이 책을 써야 한다는 것은 고정관념일 뿐이다. 이제는 보통 사람도 그에 대한 경험과 지혜를 책을 통해 다른 이들과 나누어야 한다.

내가 쓴 단 한 권의 책이 국립중앙도서관에서 천 년 동안 보존된다는 사실을 알고 있는가? 내가 이 세상에 존재했다는 사실이, 세상을 살면서 경험한 나의 스토리가 천 년 동안 계속 회자된다면 그 누가 자신의 책을 써내기를 두려워하겠는가. 책을 쓰기가 아무리 힘들지라도 더 큰 꿈을 이루고자 한다면 그만큼 중요한 일은 없을 것이다. 책을 쓰는 데 선뜻 용기가 나지 않는다면 내 연락처인 010.2635.6429로 연락해도 좋다. 나의 스토리를 어떻게 책으로 펴내는지 구체적인 과정을 알려 줄 것이다.

마흔을 넘기기 시작하면서 내 감정들과 내가 생각한 일들을 글로 남기고 싶은 생각이 들었다. 그동안 일기도 제대로 써 본 적이 없던 나였다. 그러나 글쓰기 방법들을 배우기 시작하면서 내 인생은 달라졌다. 나를 이해할 수 있었고 그토록 미워했던 사람들의 행동들이 이해되기 시작했으며 내 삶은 여유롭고 행복해졌다. 부산에서 경기도 분당까지 긴 시간을 강연을 들으러 다니는 나를 보고 친구들은 물었다. "미정아. 3시간 배우려고 10시간 넘게 시간과 비용을 투자하는 것은 너무 힘들지 않니?" 그러면 나는 웃으며 속으로 생각했다.

'아니. 전혀 힘들지 않아. 가고 있는 그 시간도, 머물러 있는 시간도, 쓰는 비용조차도 나를 위한 일이야. 꿈과 열정을 찾아가는 길이지. 시간도 돈도 노력도 전혀 아깝지 않을 만큼'

당신도 이미 알고 있다. 하고 싶은 일은 계속 미루다 보면 어느 순간 그것은 하고 싶지 않은 일이 되어 버린다는 것을. 직장을 다니는 것이 중요하고 친구들과의 만남이 중요하며 프로젝트 하나를 끝내야 하는 일이 중요한 일이 되는 것이다. "그럼, 이런 일이 중요하지 않다는 말인가요?"라고 반문하는 이들도 있을 것이다. 중요하지 않다는 말이 아니라 자신이 하고 싶은 일을 찾고 자신을 알리는 것이 더 중요하다는 말이다. 왜냐하면 후자가 당신의 삶을 더 풍요롭고 행복하게 만들어 줄 것이기 때문이다.

나는 이제 갓 중학생이 된 아들에게도 책 쓰기에 대해 코칭했다. 반응은 나쁘지 않다. 아들은 학교와 학원을 다니면서 틈틈이 책을 내고 있는 부모님을 보고 있다. 게임을 좋아하고 친구들과 어울리기를 좋아하는 아들이지만 곧 자신의 책도 쓰리라 확신한다. 우리가 책을 씀으로써 삶을 더 풍요롭고 행복하게 살고 있기 때문이다.

아이들의 미래는 곧 우리의 미래다. 아이들이 청·장년기가 되면 우리는 노년기에 접어들 것이다. 여행만 하면서 살 것인가? 혹은 골프만 치면서 우리의 미래를 보낼 수 있을까? 체력은 떨어지고 할 수 있는 일은 더 줄어들 것이다. 그렇다고 TV와 스마트폰만 보면서 보내고 싶지는 않을 것이다. 열정을 바쳐 나만의 것을 이루어 내지 않는 삶은 영혼이 빠져 있는 삶과 같다. 책을 쓰고 자신을 브랜딩하는 일은 우리의 영혼을 살찌우고 자존감을 높이는 일 중 하나다.

우리가 경험하고 있는 다양한 문제들을 책을 통해 다른 이들과 공유하자. 일개 가십거리에만 관심 있는 사람들과 삶을 소비하지 말자. 우리는 생산적인 삶을 살아야 한다. 그것이 진정 내 삶을 풍요롭게 만든다. 열정을 바쳐 꿈을 이뤄 냈을 때의 희열과 행복을 경험해야 한다.

책으로 자신을 브랜딩하는 일은 우리가 살아 있는 이유가 될 뿐 아니라 살아가야 할 이유다. 책을 읽는 도구로만 생각하는 시대는 지났다. 남의 생각을 읽지만 말고 내 생각을 쓰고 나만의 해결책을 모색하자. 어디에도 정답은 없다. 활기차고 행복한 인생 2막을 성공적으로 이끄는 길은 하나만 있는 것이 아니다.

04

직장과 집 사이, '제3의 공간'을 만들어라

여행과 장소의 변화는 우리 마음에 활력을 선사한다.
– **세네카**

나에겐 제3의 공간이 여러 곳 있다. 당신도 그러한 장소가 있는가? 이제부터 그곳을 소개하려 한다.

첫 번째 장소는 커피전문점이다. 커피전문점에서 당신은 무엇을 하는가? 커피를 마시고 친구들과 수다를 떠는 장소라고만 생각한다면 생각을 조금 바꿔 보자.

커피전문점 중 제일 브랜딩이 잘된 곳이 있다. 바로 스타벅스다. 네이버의 세계 브랜드 백과에는 스타벅스를 다음과 같이 설명하고 있다.

스타벅스는 브랜드 가치 구축을 위해 광고에 큰 비용을 투자하지 않는 대신 그 비용을 매장이나 사람에게 투자하여 사람들이 직접 체험하도록 하고 이를 통해 브랜드를 홍보하는 '체험 마케팅'을 진행하고 있다. 스타벅스는 고객들이 자주 접근하는 곳을 찾아 매장을 개설하고, 매장 자체를 브랜드 광고판처럼 노출해서 입소문을 통한 홍보 전략을 추구한다. 스타벅스 매장은 집과 일하는 곳과는 다른 '제3의 장소'라는 의미를 주기 위해, 고객들이 편하게 시간을 보내며 커피를 즐길 수 있게 하는 것을 목표로 했다. 스타벅스는 단순히 커피 제품만을 파는 것이 아니라 집과 다른 이국적 분위기, 친절한 서비스, 커피와 어울리는 재즈 음악을 제공하면서 소비자들에게 감성적 체험을 제공하고 있다고 한다. 스타벅스는 이러한 특징을 강조하기 위해 매장마다 '체험'이라는 단어가 들어간 메시지를 다양하게 활용하고 있다.

스타벅스는 매장마다 일관된 분위기를 전달하기 위해 원목 느낌의 딱딱한 의자와 흰색, 갈색 그리고 초록색이 조화를 이루는 인테리어를 연출하고 있다. 또한 외부는 통유리 벽으로 내부가 들여다보일 수 있게 했으며, 매장 내 음악도 커피와 잘 어울리는 재즈 음악 등을 일관되게 활용하고 있다. 모든 매장 내에 무선 인터넷 서비스를 시작해 커피를 즐기면서 인터넷도 사용이 가능하도록 만들었다.

나는 글을 쓰기 시작하면서 스타벅스 매장을 자주 이용한다. 이른 아침 커피나 간단한 요기로 에너지를 충전하고 노트북을 열어 독자와 공감하기 위한 글을 쓰는 일이 행복하다. 어느 것도 나를 제지할 수 없는 이 장소에서 내 생각에 집중하고 이상을 동원해 글에 에너지를 불어넣는다. 에너지가 없는 글은 누구도 공감할 수 없다. 당신과 내가 글을 쓰는 이곳에 같이 있지는 않지만 꼭 내 옆에 당신이 있다고 상상하며 글을 쓴다.

대학생들이 주로 공부하는 곳은 도서관이다. 그러나 요즘은 브랜드 커피전문점에 가면 공부하는 학생들을 흔하게 볼 수 있다. 이국적인 분위기, 무선 인터넷, 은은한 조명과 음악이 흘러나오는 편안한 장소에서 마음껏 공부에 집중하는 학생들을 볼 수 있다. 커피전문점도 이러한 시류에 편승해 음료뿐만 아니라 간단히 한 끼를 해결할 수 있는 식사도 판매하고 있다. 나와 같이 글을 쓰는 사람들은 이곳을 제3의 장소로 활용한다.

나는 한 집안의 살림을 책임지는 주부이자 글을 쓰는 작가, 강연가, 당신을 도울 수 있는 은퇴창업 코치다. 집에서 책을 읽거나 글을 쓰다 보면 집안일이 자꾸 눈에 들어온다. 직장인도 마찬가지일 것이다. 잠깐 쉬는 틈을 이용해 책을 읽다가 문득 자신의 일에 대한 생각이 난 적이 있어 다시 일에 집중하는 경우가 있을 것이다. 이렇게 자신의 주된 업무 공간에서 잠깐이라도 벗어나 제3의 공간에서 책을 읽거나 공부를 하면 좀 더 시간을 집중해서 쓸 수 있다. 당신만의 제3의 공간은 어디인가?

두 번째 장소는 건강을 위해 시간을 활용하는 곳이다. 어릴 때부터 무언가를 배우기 좋아했던 나는 수영, 볼링, 스쿼시, 스키, 스노보드 등 20대부터 시간이 날 때마다 스포츠 배우기를 즐겼다. 수준급은 아니지만 기본기를 익혔기에 중년이 된 지금도 언제든 스포츠 즐기기를 마다하지 않는다. 20대에는 건강을 위해서라기보다는 즐거움을 위한 것이었지만, 지금은 건강을 위해서 체육관에서 요가 수업에 시간을 할애한다. 전문적인 요가 수련은 아니지만 요가 선생님의 지도에 따라 동작 하나하나를 따라 하다 보면 내 몸을 좀 더 세심히 느낄 수 있다. 에너지를 모으고 숨을 제대로 들이쉬고 내뱉으며 명상과 함께 한 시간을 보내고 나면 새로운 에너지로 나의 몸은 되살아난다. 이곳저곳 아픈 부위가 생기더라도 멈추지 않는다. 내 몸을 위한 것임을 알기 때문이다.

당신의 건강을 위한 제3의 공간은 어디인가? 만약 없다면 만들어라. 시간이 없다고 핑계 대지 말자. '돈이 없어서', '시간이 없어서'는 스스로 선택하지 않겠다는 의미임을 당신은 이미 알고 있다. 건강을 잃으면 모든 것을 잃게 된다고 하지 않는가.

세 번째 장소는 인터넷 카페다. 나는 평소 자주 가는 인터넷 카페가 여러 군데 있다. 〈한책협〉, 부동산 투자자들의 모임 카페, 아파트 입주민 모임 카페 등이다. 이 중 1순위는 바로 〈한책협〉이다. 〈한책협〉은 책 쓰기에 대해 알아보던 중 가입하게 되었다. 김태광 대표 코치는 책을 쓰는 것뿐만 아니라 사람들의 성공을 돕는 메신저로도 활발히 활동하고 있다. 〈한책협〉의 긍정적인 영향력을 다 열거할 순 없지만 몇 가지를 꼽자면 매우 적극적인 생각을 가지고 있고 다양한 직업을 가진 사람들이 있다는 것을 들 수 있다. 그들은 책을 써서 성공하고 다른 사람들을 도우며 사는 것을 모토로 한다.

나는 가족과 함께 가끔 대형서점에 가는 것을 즐긴다. 인터넷으로 책을 주문하는 것도 좋지만 직접 서점을 방문해 읽고 싶은 책을 골라 결제한다. 최근 대형서점들을 보면 서점 한편에 숍인숍 커피 매장이 들어와 있다. 향기로운 차 한잔에 읽고 싶은 책을 읽고 있노라면 마법에 걸린 것처럼 행복한 사람이 된다. 오감을 만족시키는 장소로 책을 보고, 은은하게 울리는 음악 소리를 듣고, 향기로운 차를 마시며, 서점 특유의 책 냄새와 손으로 한 장씩 넘기는 책갈피의 감촉을 즐긴다.

나를 사랑하는 방법은 여러 가지가 있다. 사랑하는 사람을 만나서 사랑받는 것도 하나의 방법이고, 사랑을 주는 것도 또 다른 방법일 것이다. 친구를 만나고 맛있는 음식을 먹으며 나와 같은 생각을 주고받으면서 행복을 느끼기도 한다. 자신에게 수고했다며 고가의 선물을 해 본 적이 있는가? 다른 사람에게는 칭찬하기를 서슴지 않으면서도 정작 자신에게는 수고했다고 칭찬과 선물을 해 본 적이 없다면 이제라도 꽤 괜찮은 선물을 해 보기 바란다. 자신을 행복하게 만들어야 다른 사람에게도 사랑과 행복을 잘 전달할 수 있기 때문이다. 또한 스스로가 자신을 사랑할 수 있을 때 다른 사람들도 당신을 한 번 더 돌아보게 될 것이다.

제3의 공간을 가진 사람은 행복하다. 행복한 사람 옆에 있으면 행복해질 수밖에 없다. 이 공간은 격식이 존재하지 않는다. 불안과 두려움도 없다. 모든 사람이 평등하고 서열도 없다. 같은 관심을 가진 사람들의 공간이기에 소통하는 데도 어려움이 없다. 누구나 자신의 생각을 말할 수 있고 출입 또한 자유롭다. 언제든지 벗어날 수 있고 얽매이지 않는다. 자유롭게 상상하고 희망을 이야기하며 편안한 휴식을 취할 수 있는 제3의 공간은 우리에겐 또 다른 선물이다. 눈치 보지 않고 부담 없이 혼자서도 차를 마실 수 있고 글을 쓸 수 있는 우리의 삶은 더없이 멋지고 행복하다. 그 속에 활기차고 행복한 인생 2막이 함께한다.

05

혼자 사는 법을 미리 터득하라

남에게 예속되지 않는 삶을 살아가라.

– **샹포르**

2011년 9월, 둘째 강훈이를 낳을 때였다. 방학이 막 끝난 터라 첫째 아들 지훈이는 초등학교에, 남편은 회사에 가야 했다. 출산 예정일 막바지인 9월 5일 월요일 산부인과 검진 후 혈압이 160mmHg에 가까워 의사 선생님이 그날 입원해서 유도 분만을 하자고 했다. 갑작스럽게 결정된 일이라 남편에게 급히 연락했다. 입원 수속 후 저녁에 입원실 배정을 받았다. 남편과 지훈이가 병원에 왔지만 나는 한 번 출산한 경험이 있었으므로 집에 가서 편안히 자고 내일 아침에 다시 오라고 했다.

밤새 겪은 진통은 다음 날 아침까지 계속되었다. 마침내 9월 6일, 남편이 큰아이를 학교에 보내고 오전 9시쯤 병원으로 왔다. 배 속에서 아빠가 온 것을 알았던 것일까. 잠시 후 양수가 터지더니 오전 10시 47분에 강훈이가 세상의 빛을 보았다. "울음소리가 장군감이네." 의사 선생님의 이야기에 우리 부부는 두 번째로 새 생명을 탄생시키며 더할 나위 없는 행복감을 느꼈다.

6일 뒤면 추석이었지만 산후조리원에서 또다시 으스러진 나의 몸을 추스르기로 했다. 몸이 회복되는 동안 남편은 시어머니의 도움을 받아 집안일 등을 해결했다. 시어머니는 다리가 불편하셔서 전동 휠체어에 의존해 생활하신다. 출산한 며느리를 대신해 우리 가정을 불편한 몸으로 돌봐 주신 시어머니께 무척 감사했다.

산후조리원에서 유축기를 이용해 젖을 짜고 있을 때 남편으로부터 전화가 왔다. "지훈 엄마, 세탁기는 어떻게 돌려야 해?" 시어머니 댁의 세탁기는 우리 집과 다른 모델이었기 때문에 세탁기 사용 방법을 모르는 남편이 물어 온 것이다. 사실 남편은 청소기는 잘 돌렸지만 세탁기는 한 번도 사용해 본 적이 없었다. 사용법을 알려 주고는 혼자서 웃음이 났다. 시어머니와 남편이 '이렇게 해 볼까? 저렇게 해 볼까?' 하는 모습이 상상되었기 때문이다.

최근의 생활 트렌드 중 하나는 혼밥, 혼술로 1인 가구와 관련된 것이 많다. 특히 편의점에 가 보면 1인식을 위한 각종 패스트푸드가 아주 다양하다. 그리고 대형 마트에도 1인 가정을 위한 각종 전자제품들이 매대를 차지하고 있다. 몇 년 전만 해도 대형마트에서는 소량 판매 제품들이 그다지 많지 않았지만, 최근 들어 매출량이 증가하고 있다고 하니 급속도로 1인 가구가 증가한 것을 알 수 있다. 각종 방송에서도 혼자 살고 있는 연예인들이 나와 자신의 삶을 보여 주고 있으니 말이다.

어느 날 남편에게 물었다.

"당신은 나중에 혼자 살 수 있을 것 같아?"

"내가 왜? 난 당신이랑 같이 살 거야."

"아니. 혹시나 혼자 살게 되면 말이야."

"혼자 안 살 거라니까."

남편은 어지간히도 혼자 살기 싫은 모양이었다. 남편의 바람은 자식들과 오손도손 사는 것이라고 한다. 남편이 마냥 아이 같았다. 다음은 인터넷에서 보았던 글이다.

"여자가 늙으면 필요한 것은 돈, 딸, 건강, 친구, 찜질방이다. 남자가 늙으면 필요한 것은 부인, 아내, 집사람, 와이프, 애들 엄마란다."

우스갯소리 같지만 대부분 공감하는 내용이었다.

그런가 하면 이런 글도 있었다

"가족을 너무 의지하지 마라. 나 아닌 다른 사람을 의지하는 건 절대 금물이다. 자신의 노년은 그 어느 누구도 대신해 주지 않는다.

자신의 것을 스스로 개발하고 스스로 챙겨라. 당신이 진정으로 후회 없는 노년을 보내려거든 반드시 한두 가지의 취미 생활을 가져라. 산이 좋으면 산에 올라 도토리를 줍고 물이 좋으면 강가에 앉아 낚시를 해라. 운동이 좋으면 눈 쌓인 공원길을 산책하고 책을 좋아하면 열심히 책을 읽고 글을 써라. 좋아하는 취미 때문에 식사 한 끼 정도는 걸러도 좋을 만큼 집중력을 가지고 즐겨라. 그 길이 당신의 쓸쓸한 노년을 의미 있게 보낼 수 있는 중요한 비결이다.

자식들에게 너무 기대지 마라. 부모를 만족시켜 주는 자식은 그렇게 많지 않다. 기대가 큰 자식일수록 부모의 마음을 아프게 한다. 자식에게서 받은 상처나 배신감은 쉽게 치유가 되지 않기 때문이다. 자식들의 영역을 침범하거나 간섭하지 마라. 자식들은 그들이 살아가는 삶의 방식이 따로 있다. 도를 넘지 않는 적당한 관심과 적당한 기대가 당신의 노년을 평안의 길로 행복의 길로 인도할 것이다. 그렇다고 가족의 중요성을 무시하라는 것은 아니다. 여기서 가장 중요한 한 가지 사실을 잊지 않기 바란다. 당신과 이야기를 주고받을 수 있는 가까운 친구를 만들어라. 진정 마음을 나눌 수 있는 함께할 벗이 있다면 당신의 노년은 비단 치마에 그림을 그려 놓은 것처럼 아름다워질 것이다."

예측할 수 없는 미래에 혼자 잘 살기 위해서 필요한 4가지 조건이 있다.

첫째, 건강한 몸과 마음을 만들자. 건강한 몸과 마음이 준비되어 있다면 혼자 살면서 조금은 외로워도 그것이 크게 더 외롭다고 생각되지는 않는다. 아플 때를 생각해 보면 쉽게 알 수 있을 것이다. 몸이 아프면 더 서럽고 더 외로우며 괜히 더 짜증이 나지 않던가. 건강할 때 몸을 위해 움직여야만 한다. 자신이 좋아하고 몸에 맞는 건강유지법이 나름대로 있을 것이다. 꾸준히 건강을 위해 시간과 노력을 기울여야만 한다.

둘째, 해야 할 일을 만들자. 어떤 일이라도 좋다. 당신이 잘할 수 있는 일이면 된다. 거기에 좋아하는 일이면 더 좋겠다. 등산하기, 청소하기, 여행하기 등 자신이 좋아하는 일을 일주일에 두 번 이상은 하자. 예쁜 화분을 키워도 좋다. 요리하는 것을 즐기는 사람도 있을 것이다. 찾아보면 다양한 일들이 나의 손길을 기다리고 있을지도 모른다. 방송인 L 씨는 화장품을 쓰고 남은 것으로 자신만의 자투리 화장품을 집에서 혼자 만든다. 자신이 만든 화장품으로 화장도 하고 그 방법을 시청자와 공유하기도 하면서 즐기고 있었다. 당신도 그 어떤 것이든지 시도하기를 권한다.

셋째, 일상생활이 즐겁지 않을 때는 취미생활을 만들자. 거창한 취미여도 좋고 소소한 취미여도 좋다. 인터넷을 찾아보면 다양한 취미를 갖고 있는 모임들이 많이 있다. 그중에서 하나 골라 시작해 보자. 비용이 부담된다면 적은 비용으로도 할 수 있는 것이 많다.

넷째, 자신의 이야기에 공감해 주고 응원해 줄 수 있는 친구를 만들자. 주위에 함께 이야기 나눌 친구가 있다면 혼자 산다 해도 두렵거나 외롭거나 슬프지 않을 것이다. 인생을 살면서 여러 명의 친구를 사귀는 사람도 많지만 자신을 알아주고 응원해 주는 단 한 명의 친구라도 있다면 성공한 인생이나 다름없다.

혼자 사는 기술을 미리 배워 두는 것은 나를 위한 일이다. 사랑하는 사람들이 언젠가 내 곁을 떠나가거나 자식들이 나를 부담스러워 할지라도 스스로 몸과 마음이 독립할 준비가 되어 있다면 어떠한 상황이 발생하더라도 인생이 한꺼번에 무너지는 일은 없을 것이다. 활기차고 행복한 인생 2막은 혼자 사는 기술을 아는 것만으로도 가능하다.

06

온라인 카페로 1인 창업하라

사업 성공에서 가장 중요한 것은 친구를 많이 만들고 적을 적게 만드는 것이다.

– **레이쥔**(샤오미 창업주)

나의 부모님은 도매시장에서 가게를 운영하신다. 4~5평 남짓한 곳에서 36년 동안 장사를 해서 자식들을 모두 출가시켰다. 지금도 평생의 일터로 여기며 아침 7시면 어김없이 문을 열고 장사를 하신다. 가게들이 다닥다닥 붙어 있기 때문에 다른 가게들의 상황을 모를 수가 없다. 가끔 부모님의 가게를 방문하면 경기 침체로 인해 폐업한 곳이 더 늘었다는 소식이 들렸다. 아파트 주변의 상가들도 비어 있기는 마찬가지다. 몇 달 전만 해도 가게를 운영했지만 지금은 덩그러니 비었고, 빌딩 외벽에 '매매 및 임대' 플래카드가 크게 붙어 있을 뿐이다. 빨리 다른 업종의 상가들이 들어와 활성화되었으면 좋겠다고 우리 부부는 생각했다.

사회적·경제적 상황에 영향을 받는 오프라인 창업에 비해 온라인은 경기 침체가 없다. 일반 상점보다는 덜 영향을 받는다. 만약 비용이 공짜라면 당신도 당장 자신이 해 보고 싶은 일을 찾아서 상가에 입점할 생각이 있을 것이다. 물론 네트워크와 데이터 사용료, 전기료 등의 비용은 든다. 그렇지만 권리금과 월세 등은 전혀 나가지 않으니 그야말로 공짜인 셈이다. 창업을 하고 싶은 열정만 있으면 된다.

우선 자신이 하고 싶은 일을 알아보자. 자금이 없어 못 해 본 것이어도 좋다. 하고 싶은 일에 대한 정보와 당신만의 스토리가 있으면 된다. 예를 들어 직장인이라면 직장생활의 이야기를 풀어내 후배들에게 좋은 멘토 역할을 할 수 있다. 여행을 좋아하는 사람이라면 여행의 경험과 지혜를 살리면 된다. 누구든 자신이 좋아하는 일로 쉽게 온라인 창업을 할 수 있다.

나도 몇 년 전 블로그와 카페를 운영해 본 적이 있다. 좋아하는 사람들과의 모임이 전부였지만 여러 정보들과 내가 하고 있는 활동들을 공유했다. 자료와 사람들이 있으니 가끔 블로그를 사겠다는 쪽지도 왔다. 오프라인에서의 회사 매각과 동일하다고 할 수 있다. 당신도 온라인 창업을 시작하고 싶다면 지금 당장 시작하자.

당신이 주로 사용하고 있는 포털 사이트에 회원가입을 하면 무료 메일 계정을 갖게 된다. 대부분 전자우편 주소는 하나 이상 가지고 있을 것이다. 네이버에는 블로그, 밴드, 카페 등 대중화된 모임 활성화 시스템이 존재한다. 메일 계정 하나만으로 여러 가지 모임을 개설할 수 있고 간단하고 쉽게 1인 창업이 가능하다. 주의할 점은 한 사람당 3개의 계정만 만들 수 있다. 블로그나 카페를 개설하고 나면 간단한 디자인으로 블로그나 카페의 대문을 만들 수 있다.

계정을 만들었다면 정보들을 입력할 틀을 만들어야 한다. 이를 '카테고리'라고 하는데 신중하게 만들어야 한다. 정보들이 자꾸 이동하면 혼란스럽고 관리가 힘들기 때문이다. 신중하고 계획적으로 만들어진 카테고리는 오랫동안 나를 위해 마케팅을 할 수 있는 힘이 된다. 카테고리가 너무 적어도 문제지만 너무 많으면 각각 정보를 계속해서 넣어 줘야 하는 번거로움도 있다.

이제는 카테고리에 나의 지식, 정보, 경험, 문제에 대한 해결방법 등을 글, 그림, 사진으로 넣을 차례다. 동영상을 사용하는 것도 좋다. 전문용어로 '포스팅'이라고 하는데 글을 쓸 때도 내가 쓰고 싶은 대로 쓰는 것이 아니라, 방문자들이 보기 쉽도록 작성해야 한다. 그것은 나의 고객을 위한 일종의 서비스이기 때문이다. 글의 분량과 중간중간에 들어가는 이모티콘, 사진, 동영상을 적절히 배치하고 융합해 최대한 내가 전달하고자 하는 내용을 단시간에 효율적으로 알리기 위해서는 포스팅 과정이 정말 중요하다. '나는 잘 못하겠는데'라고 생각하는 사람은 전문 블로거나 포스팅 업체의 내용을 참고하면 좀 더 쉽게 접근할 수 있다. 특히 화장품을 홍보하는 블로그를 참고하면 좀 더 도움이 될 것이다.

꾸준히 내 상점에 진열된 상품들은 점점 더 나의 가치를 높이게 된다. 그 정보들로 인해 나를 신뢰하는 사람들이 모이게 되고 입소문을 타고 나의 온라인 상점이 홍보된다. 물론 전문적으로 홍보하는 도구들도 있다. 나도 〈은퇴1인창업연구소〉를 개설하고 홍보가 되기를 바라며 열심히 포스팅과 마케팅에 열정을 쏟고 있다. 1인 기업으로 우뚝 서 있는 독립적인 온라인 카페가 좀 더 활성화되면서 내가 도울 수 있는 고객들이 늘어나고 있다.

다음의 온라인 창업의 활성화 전략 8가지를 꼭 해 보기를 권한다.

- 하고 싶은 일 중에 시장성 있는 상품을 고르는 안목을 길러라.
- 네티즌 고객에게 최상의 고객 서비스를 제공할 수 있는 독창적인 기준을 세워라.
- 가치 있는 정보나 스토리로 가성비를 높여라.
- 진정성으로 마니아 고객을 사로잡아라.
- 진상 고객을 걸러 내는 시스템을 마련하라.
- 융·통성과 센스를 겸비하라.
- 네티즌 고객과 실시간으로 소통하라.
- 참신한 이벤트를 기획해 신선함을 유지하라.

나는 이러한 활성화 전략 외에도 많은 것을 알고 있고 필요하다면 당신을 도울 수 있다. 온라인 창업을 통해 퍼스널 브랜딩을 하고 싶어 하는 상담자는 내게 이렇게 질문했다.

"과연 제가 할 수 있을까요? 저의 경험이 다른 사람을 도울 수 있을까요?"

"네. 당신의 도움을 필요로 하는 사람은 많습니다. 어서 시작하세요. 제가 도움을 드릴게요."

자신의 경험과 지혜의 가치를 낮게 평가해서는 안 된다. 자신의 가치를 폄하해 버리면 다른 사람이 높게 평가하고 싶어도 할 수 없기 때문이다. 살아오면서 문제가 없었던 사람은 단 한 명도 없다. 해결할 수 있는 방법을 모른다면 자신의 이야기를 진솔하게 하면 된다.

또 다른 상담자는 이렇게 물었다.

"제가 오랫동안 전문가로 활동한 것도 아닌데, 사람들이 알아줄까요?"

"두려워하지 마세요. 단지 우리가 먼저 겪은 경험을 공유해 동반 성장을 하면 됩니다. 진정으로 도우려는 마음이 중요한 것이니까요."

온라인 카페를 통한 1인 창업은 독립적인 회사를 세우는 것과 같다. 큰 비용을 들이지는 않았지만 나의 분신이나 마찬가지다. 나의 분신이 승승장구할 수 있도록 발판을 마련하고 공을 들이는 것은 작게는 나를 위한 것이지만 크게는 남을 돕기 위한 일이다. 다른 사람을 돕기로 마음먹었다면 혼신의 힘을 다해서 도와야 한다. 어떠한 일이 생겨도 귀찮아해서는 안 된다.

또한 즐길 것을 다 즐기면서 초창기의 회사가 잘 성장하리라 생각한다면 큰 오산이다. 누구보다도 더 노력해야 함은 당연하다. 처음부터 잘나가는 회사는 없다. 가꾸고 홍보를 해야 한다. 인생 2막에서 남 좋은 일 시키지 않고 나를 위한 일을 한다는 것은 얼마나 생산적이고 멋진 일인가? 큰 비용이 필요하지도 않으며 나의 기준대로 운영할 수 있는 즐거움도 있다. 너무나 가슴 떨리지 않는가? 정말 생각만 해도 행복한 일이다.

07

시장성 있는 상품을 만들어라

사업의 비결은 다른 사람들은 아무도 모르고 있는 무엇인가를 아는 것이다.

– **아리스토틀 오나시스**

"새벽 2시까지 영업해도 하루에 치킨 10마리밖에 못 팔아요."

"커피전문점 5만 개 시대를 맞아 가격 경쟁력이 무엇보다 중요해진 만큼 최대한 버틸 수밖에 없어요."

많은 사람들이 퇴직 후 창업 아이템으로 외식 프랜차이즈나 카페를 생각해 본 적이 있을 것이다. 외벌이인 나도 남편이 퇴직을 하게 되면 무엇을 할 수 있을까 고민했던 시간이 있었다. 그렇지만 아무리 생각을 해 봐도 명쾌한 답을 찾을 수 없었다. 남들처럼 돈을 많이 가진 것도 아니고 뛰어난 능력이 있는 것도 아니었다. '아! 이렇게 살아선 안 되겠다'라고 불현듯 생각이 들었다.

'뭐라도 할 수 있는 일을 만들어야겠다!'

아이들이 아직 어릴 때가 적기라는 생각이 들었다. 이 시대의 직장인이라면 누구나 불안과 두려움이 머릿속 한구석에 있을 것이다.

크리스 길아보의《100달러로 세상에 뛰어들어라》에서는 시장성을 빠르게 진단하는 7단계의 방법을 다음과 같이 소개한다.

- 당신이 해결하려는 문제에 노력과 시간을 투자한다.
- 시장 규모가 충분한지 확인한다.
- 고객들이 갖고 있는 문제점들 가운데 명확하게 드러나는 불편을 제거할 수 있도록 집중한다.
- 시장에서 팔리는 모든 상품은 사람들의 고통 또는 열망과 연관되어 있다.
- 해결책에 대해 항상 먼저 생각하는 습관을 가진다.
- 다른 사람에게 당신의 아이디어에 대한 자문을 구하되 그 대상은 반드시 목표 시장의 잠재 고객이어야 한다.
- 당신이 하고 있는 일을 간단히 요약해서 자신이 적극적으로 참여하고 있는 커뮤니티 내 친한 그룹들에게 공개한다.

다른 사람들이 창업하는 프랜차이즈 외식사업이 아니더라도 자신의 문제나 다른 사람의 문제를 해결하려고 하는 곳에 시장성은 존재한다. 주변의 지인들과 여러 가지 살아가는 이야기를 하다 보면 많은 문제점을 찾을 수 있을 것이다. 그 문제점들 중에서 자신만의 해결 방법을 찾아서 시장성이 있는 상품을 만들어 보는 것은 어떨까? 직장인들은 퇴직이나 은퇴에 관한 고민이 제일 많을 것이다. 주부들은 자녀들과의 관계나 자녀의 학업 성취에 관한 고민이 많을 것이다. 싱글들은 혼자 살기나 결혼에 대한 고민이 많은 비중을 차지할 것이다.

분명 다른 사람들도 이러한 고민과 문제들로 고심하고 있을 것이다. 먼저 시간과 노력을 투자에 해결해 본 경험과 지혜가 있다면 그것이 바로 상품이 될 수 있다고 확신한다. 단지 그 문제를 세상에 드러내 함께 공유하고 나누느냐는 당신의 선택에 달렸다.

나는 문제의 해결 방법을 나누고자 하는 삶을 택했다. 이것이 정답은 아닐지라도 당신과 문제들을 공유하고 해결 방법을 나눌 수 있다. 다른 사람들에게도 이런 방법이 있다는 것을 알려 줌과 동시에 함께 해결할 수 있도록 돕는 것이다. 이것이 메신저의 삶이다.

나는 살아가면서 생기는 고민과 문제로 인해 도움이 필요한 사람들에게 지혜와 경험을 나누기 위해 부부가 함께하는 〈은퇴1인창업연구소〉를 만들었다. 내가 하고 있는 모든 일과 정보, 경험과 결과와 더불어 생각하는 내용들까지 담았다. 집필하고 있는 책들도 소개하며 다양한 활동들을 전개할 것이다. 당신도 함께 동참하기를 바란다.

당신도 고민하고 있는 문제가 있다면 다른 이들과 공유하자.

하고 싶은 일이 있다면 그것을 실현할 수 있는 다양한 방법을 모색하자. 프랜차이즈 외식 매장을 창업하려면 억대 비용이 든다. 그러나 나와 같은 방법은 그다지 많은 비용이 들지 않는다는 장점이 있다. 누구나 개설할 수 있는 블로그, 카페, SNS 활동들이 그것이다. 지금보다 조금 더 부지런하면 된다.

시장성 있는 상품을 만드는 것은 그다지 어렵지 않다. 물질적인 상품을 만들라는 것이 아니라 자신이 가지고 있는 지식과 경험 그리고 지혜를 네트워크를 활용해 상품화하라는 것이다. 당신도 얼마든지 할 수 있다. 믿음을 가지고 자신이 가진 문제들을 공유하고 해결점을 찾자. 당신과 내가 함께한다면 몇 배 이상의 시너지 효과가 발생할 것이다.

나는 앞서 말한 것처럼 남편의 퇴직 후 무엇을 하며 살아야 할지 고민이었다. 내 집도 없이 신혼생활을 시작했던 터라 아파트는 어떻게 고르고 사야 할지 몰라서 책을 통해 관련 내용들을 공부했다. 아파트 입주 후에는 '남들 다 있는 땅과 상가는 어떻게 고르고 사야 하나?'가 관심의 대상이 되었다. 그래서 공부를 하기 시작한 것이 바로 부동산 경매였다.

부동산 경매를 배우기 위해 부동산 학원에 갔는데 정말 사람들이 많았다. 남녀노소 할 것 없이 부동산 경매를 공부하러 온 사람들로 강의실이 가득 찼다. 나는 20대의 젊은 사람들을 보면서 '대단하네. 벌써 부동산에 관심을 갖고 있다니'라고 생각했다. 그때쯤 내게 다른 고민이 생기기 시작했다. 그토록 원하던 아파트에 들어와 살고 있지만 좋았던 마음도 잠시, 마음속에서는 공허함이 자리를 차지하고 있었다. 공허함의 원인을 알기 위해 무작정 서점을 찾았던 나는 흥미로운 분야의 책을 보게 되었고, 책 쓰기의 길로 발을 내딛게 되었다.

책을 쓰기 시작하면서 공허한 마음은 꿈과 이상들로 채워졌다. 내가 메신저로 나아가야 할 방향을 모색했고 그 내용을 지금 책을 보는 독자들과 함께 공유하고 있다. 우리 부부가 쓴 책이 나왔을 때, 카카오톡에 그 내용을 올렸다. 그러자 많은 사람들이 부부가 각자 꿈을 가지고 행동하는 모습을 칭찬해 주었다. 격려해 주는 사람들도 있었고, 책을 쓴 내용으로 코칭을 요청하는 직장인도 있었다. 정말 멋지지 않은가. 당신도 할 수 있다. 직장생활이 살아가는 데 있어 중요한 일임은 당연하다. 하지만 그보다 더 중요한 일은 내 이상과 꿈을 실현시켜야 하는 우주의 소명이 있음을 늘 염두에 두는 것이다. 직장을 다니고 있을 때 미리 시장성 있는 상품을 만들어 활기차고 행복한 인생 2막을 준비해야 하는 이유이기도 하다.

드라마 〈미생〉 대사 중 "직장은 전쟁터고 직장 밖은 지옥이다."라는 말이 있다. 사직을 한 번도 생각해 보지 않은 직장인은 드물다. 아무리 직장 밖이 지옥일지라도 천국행 티켓을 한 장 쥐고 있다면 그곳이 생지옥처럼 여겨지지는 않을 것이다.

PART

4

은퇴 전에 꼭 기억해야 할 은퇴 십계명

01

인생의 후반부는 스스로 만들어라

계단의 처음과 끝을 다 보려 하지 마라. 그냥 발을 내딛어라.

– 마틴 루터 킹

나는 현재 〈은퇴1인창업연구소〉를 개설하고 활기차고 행복한 은퇴를 목표로 도움이 필요한 사람들을 돕는 메신저로 활동하고 있다. 전문가들과 협업하며 한 걸음씩 나아가고 있는 우리 부부는 각자의 위치에서 더 멋진 인생 2막을 꿈꾸는 중이다. 함께 꿈을 향해 나아가고 서로 응원해 주는 부부 작가로서 말이다. 삶에 치이다 보면 부부간의 대화 시간이 없을 수도 있다. 차를 타고 함께 이동할 때 우리는 각자의 생각을 공유한다. 부산에서 서울까지 차를 운전해서 가는 길이 엄청 멀다고 느낄 수도 있지만 우리는 공유할 수 있는 생각들을 이야기하며 먼 길도 멀지 않다고 느낀다. 이처럼 꿈을 향해 나아가는 여정은 행복하다.

"우리가 부산에서 서울까지 여러 번 이동하는 것이 마지막에 맞춰질 중요한 퍼즐처럼 여겨져."

"우리에게 어떤 새로운 미래가 다가오고 있을까? 너무 궁금해."

당신은 인생의 후반부를 어떻게 준비하고 있는지 궁금하다. 앞에서도 이야기했지만 나는 평범한 주부에서 자기계발 작가, 강연가, 1인 기업가를 꿈꾸며 인생의 후반부를 준비했다. 전반부는 후반부를 빛내기 위한 연습 시간이라고 생각했다. 전반부에서 나는 공부할 수 있는 여건을 만들었고 성실함과 꾸준함을 배웠다. 큰 성공과 좌절, 실패는 아니었지만 작은 교훈도 얻었다. 나를 찾고 빛내기 위해 지속적인 준비를 하며 아직도 더 나은 인생의 후반부를 꿈꾸고 있다. 당신이 인생의 전반부에 어떤 삶을 살았다 해도 상관없다. 나처럼 당신도 전반부의 삶이 후반부를 빛내기 위해 경험한 인생일 것이기 때문이다.

프랑스의 화가 폴 고갱은 빈센트 반 고흐, 폴 세잔과 함께 20세기 현대 미술의 초석이 되는 화가다. 그는 증권거래소 직원으로 안정적인 생활을 하고 있었다. 그러다 43세에 타히티 섬으로 훌쩍 떠났다. 안정적인 삶을 버리고 화가로 완전히 전향하기 위해서였다. 2년간 타히티 섬에 살면서 그는 60여 점이나 되는 그림을 그렸다. 당대에는 그림을 인정받지 못했지만 지금은 대화가로서 최고의 대우를 받는다. 그의 삶은 평탄하지 않았지만 꿈을 잃지 않고 후반부에 더 노력하고 도전했기에 지금까지 사랑받는 화가로 남았다.

당신은 지금 이 순간이 힘들다고 좌절할 것인가? 아니면 극복하고 새롭게 도전할 것인가? 선택은 당신의 몫이다. 우리의 삶은 누구도 대신할 수 없다. 인생의 후반부를 만족스럽게 보내기 위해서는 나 자신을 잘 알 필요가 있다. 당신은 자신이 어떤 사람인지 알고 있는가? 내가 보는 나의 모습과 상대방이 보는 나의 모습에는 차이가 있다. 나는 성실한 사람이라고 자부할 수 있지만 나의 지인은 나를 고지식한 사람으로 여길 수도 있다. 사람은 누구나 자신의 입장에서 생각하기 때문이다. 우선 가족들과 지인들에게 "나를 아는 대로 설명해 줄 수 있나요?"라고 물어보자. 그리고 공통적으로 말하는 것을 찾아서 나를 분석해 보자. 이 방법은 나를 알기 위한 방법이지, 상대를 평가하기 위한 방법이 아님을 명심하자. 나를 통해 나를 알아보는 방법과 상대방을 통해 나를 알아보는 방법으로 자신에 대해 좀 더 많이 알 수 있다.

나를 알기 위한 또 다른 방법으로 이제까지 해 보지 않았던 관심 밖의 영역에 도전해 보기 바란다. 의외의 나를 발견할 수도 있다. 최근 초등학교에서는 양성 평등 교육을 실시한다고 한다. 남자와 여자의 역할을 나누지 않고, 가정에서도 "남자는 울면 안 돼.", "여자라서 힘든 일은 할 수 없어."라고 가르치지 말라고 한다. 남자의 영역 또는 여자의 영역이라고 치부한 역할에 과감히 도전해 보자. 또 다른 나를 알기 위한 기회가 될 수 있다.

그다음으로 독립성을 키워 보자. 사람은 사회적 동물로 서로 관계를 맺고 살아간다. 관계를 맺음으로써 심리적으로 안정감을 갖게 된다. 그러나 그것이 지나치면 다른 사람에게 부담을 주고 매우 의존적이 될 수도 있다. 우리는 누군가에게 의지해 나를 잃어버릴 때가 가끔 있다. 예를 들어, 어릴 때는 부모님의 도움이 절실히 필요하다. 그러나 성인이 된 지금은 부모님께 전적으로 의지해서는 안 된다. 오히려 부모님이 당신에게 의지하도록 하는 것이 옳다. 좀 더 나를 쇄신하고 독립적이고 당당한 모습을 부모님과 동료들에게 보여줘야 한다. 책임을 남에게 미루거나 해야 할 일을 회피해서도 안 된다. 어떤 문제에 직면했을 때 어렵더라도 스스로 해결하기 위해 고군분투해야 독립적인 인간이 될 수 있다.

이러한 것들을 갖췄다면 이제는 자신을 좀 더 빛내기 위한 부가적인 것을 준비하라. 여기서 말하는 부가적인 것이란, 자신의 특징을 드러내기 위한 것을 말한다. 연예계를 예로 들면, 스타를 만들기 위한 엔터테인먼트, 매니지먼트 사업을 들 수 있다. 이 사업은 스타가 될 인재를 발굴하고 수년간 스타로 발돋움하기 위한 여러 교육과 지원을 아끼지 않는다. 한 사람이 사랑받는 스타가 되기까지 가능한 한 모든 영역에 걸쳐서 그 사람을 새롭게 탄생시키는 것이다. 강점을 발굴하고 이미지를 친근하고 고급스럽게 만들며 세계적인 스타로 발돋움하기 위해선 외국어 공부도 게을리

하지 않는다. 이처럼 우리도 스스로를 빛나는 스타로 만들 필요가 있다.

《어떻게 나를 차별화할 것인가》의 저자 김우선 대표는 "옷도 여러 가지 스타일로 많이 입어 보아야 자신에게 어울리는 컬러와 소재 그리고 최적의 스타일을 찾을 수 있다. (…) 특히 1인 기업가로 비즈니스를 하고자 하는 사람들은 자신이 보여주는 모습이 굉장히 중요하다. 그 사람의 콘텐츠는 그다음이고 강연장에서, 비즈니스 현장에서 만난 첫 3초가 그의 인상을 좌우하기 때문이다."라고 말했다.

스스로 나를 준비시키는 매니지먼트를 해야 한다. 혼자서 역량이 부족하다 느끼면 해당 분야의 전문가로부터 도움을 받도록 하자. 인생 후반부의 당신의 삶은 예전에 당신이 원했던 삶보다 훨씬 더 역동적일 수도 있다. 세상은 급속도로 변화하고 있다. 당신의 가치가 인생의 후반부에 더 빛날 수 있도록 만들어야 한다.

인생의 후반부는 스스로 만들어 가자. 안정적인 직장생활을 하고 있을 때가 바로 은퇴를 준비할 수 있는 절호의 기회다. 이제까지 선택이 아닌, 떠밀려 다닌 삶을 살았다 해도 괜찮다. 이 책을 읽고 있는 이 순간은 당신이 스스로 선택한 것이다. 스스로 선택한 은퇴 준비의 저력은 당신의 인생 2막에서 반드시 꽃필 것이다. 당신의 삶이 헛되지 않았음을 나는 확신한다.

02

나만을 위한 시간은 필수다

미래는 현재 우리가 무엇을 하는가에 달려 있다.

– 마하트마 간디

마흔 중반이 되어서야 나를 찾고 싶다는 생각이 들기 시작했다. 일곱 살 터울의 아들 둘을 키우다 보니 자연스럽게 주부라는 명칭이 익숙해졌다. 달라진 몸매와 주부 생활이 익숙해진 나에서 새로운 나로 다시 살아보고 싶어졌다. 둘째가 유치원을 다니면서부터 나는 나만의 시간을 가지기로 했다. 운동을 시작하고 문화 공연도 즐기고 하고 싶었던 공부도 다시 시작했다.

어느 날 인터넷에서 본 글귀가 나의 마음을 울렸다.

"인생의 절반을 살았을 때 깨닫게 되는 것이 있다. 자신을 알아야 한다는 것, 자신을 찾아야 한다는 것, 자신을 탐구해야 한다는 것이다."

한혜경 작가의 《남자가, 은퇴할 때 후회하는 스물다섯 가지》에는 은퇴한 56세의 K 씨 이야기가 나온다. K 씨의 처갓집에서는 아이 둘을 10년 동안 돌봐 주었는데 이기적이라는 비난이 두려웠던 그는 휴가 때만이라도 혼자만의 시간을 갖고 싶었지만 그러지 못한 것을 후회했다. 평소에도 처갓집 식구들과 살갑게 지내는 것이 불편했던 그였지만, 10년 동안 매번 여름휴가를 처갓집 식구들과 보냈다.

문득 남편 생각이 났다. 우리도 첫아들을 친정에서 5년 동안 돌봐 주었기 때문이다. 30대 초반이었던 우리 부부는 당시 맞벌이를 하고 있었고, 남편은 흔히 말하는 처가살이를 했다. 그때는 바쁘게 돌아가는 일상 때문에 각자의 시간에 대해 생각해 본 적이 없었다. 낮에는 직장에서 일해야 했고 밤에는 아들을 함께 돌봐야 했다. 아들을 양육하는 데만 온 정신을 쏟았다고 해도 과언이 아니다. 아마 누구든 아이를 양육해야 하는 상황이면 나 자신을 위한 시간이 필요하다고 자신 있게 말할 수 있는 사람은 드물 것이다.

어린 아들의 양육을 공교육에 맡기게 된 이후로 나만의 시간을 만들고 싶어 건강을 위한 걷기부터 시작했다. 걷기를 한 이후로 몸과 마음이 훨씬 밝아지고 맑아졌다. 나의 시간이 소중한 것이라는 것을 깨닫게 되었다. 소중한 시간을 나를 위해 낼 수 없을 때의 그 간절함이란 경험해 보지 않은 사람은 알 수 없을 것이다. 어린 아들을 사랑하고 잘 키우고 싶은 마음이야 있었지만 나는 내가 행복해야 내가 사랑하는 사람들도 행복하리라 생각했다. 내 마음속에 여유와 행복함이 흘러넘쳐야 내가 사랑하는 가족들에게도 나의 행복이 흘러들어 가리라 믿었다.

그렇다면 나만을 위한 시간은 어떻게 만들 수 있을까? 지금 하고 싶은 일이 있다면 당장 시작하는 것이다. 직장이나 가족의 눈치를 보지 말고 시작하자. 그렇다고 직장을 당장 그만두라거나 가족을 등지고 살라는 것도 아니다. 내가 처한 현실을 직시하고 미래를 위해서 정말 하고 싶은 일을 찾으라는 것이다. 시간이 많지 않아도 된다. 단 10분이라도 오로지 나만을 위한 시간을 만들자.

40대 중반은 건강에 유의해야 하는 나이다. 두 아들이 잠들어 있는 새벽, 나는 이불을 박차고 일어났다. 건강을 위해 걸어야겠다고 생각했다. 간편한 옷으로 갈아입고 현관문을 열었다. 오늘은 아파트 단지를 한 바퀴 도는 것을 목표 삼았다. 15분 정도가 걸렸다. 까치가 인사하며 나를 반겼고 꽃향기가 코끝에 밀려왔다. 기분이 상쾌했다. 나를 위한 시간을 만드는 일은 아주 사소한 것부터 시작된다. 너무 거창하게 시작하려면 이도저도 안 되는 수가 있다. '시간이 없어 못하겠다. 돈이 없어 못하겠다'라는 핑계만 생길 뿐이다.

10분이라도 나만을 위한 시간을 만들었다면 그 후로는 시간이 점점 늘어나고 할 수 있다는 용기도 생긴다. 10분이 쌓여 한 시간이 된다. 돈과 시간이 별로 들지 않는 일이 몇 가지 있는데 걷기, 책 읽기, 신문 읽기, 〈세상을 바꾸는 시간, 15분〉 강연 듣기, TED 강연 듣기 등이다. 내가 하고 싶은 일과 관련된 서적과 동영상 강의를 들으면 30분 이내로 한 가지 정도는 얼마든지 끝낼 수 있다. "천 리 길도 한 걸음부터"라는 속담도 있지 않은가. 무엇이든 시작이 반이다. 어떤 일이든 시작하라. 시작하고 계속할 수 있는 방법을 찾아서 나만의 시간을 가지면 되는 것이다.

《하루 10분 아침독서 습관》의 송희진 작가는 "아침독서 10분은 10쪽도 좋고 5쪽도 괜찮다. (…) 고작 10분밖에 안 되는 그 작은 시간들이 모여 나를 작가로 만들었기 때문이다."라고 말했다. 나만의 시간을 만드는 것에 너무 많은 시간과 돈을 들일 필요는 없다. 사소한 것에서 시작된 것이 나의 인생을 송두리째 바꾸기도 하기 때문이다.

사소한 일 중에서 내가 하고 싶은 일을 찾았다면 짧은 시간 동안 나만을 위해 몰입할 수 있어야 한다. 짧은 시간들이 모여서 엄청난 시너지 효과를 낼 것이므로 준비된 시간에 초집중하는 것이 필요하다. 나는 아침에 15분 정도 운동하면서 '내 몸 구석구석 아픈 곳은 없나?', '오늘은 다리가 당기네. 너무 운동을 안 했나 보다'라는 생각부터 오늘 해야 할 일까지 항상 생각한다. 다른 사람이 침범할 수 없는 오로지 나만을 위한 시간이다. 짧지만 상쾌

하고 유용하다. 이 짧은 시간들이 모여 내가 하고 싶은 일들을 할 수 있도록 건강이 유지되리라 믿는다. 오늘은 15분부터 시작했지만 내일은 20분으로 늘어날 수도 있을 것이다.

〈은퇴1인창업연구소〉를 개설하면서 전문가들의 코칭을 받았다. 1인 기업가로 나아가기 위한 노하우를 배우러 주말이면 부산에서 서울까지 달려갔다. 그들의 경험, 실패와 성공 사례, 자기계발서의 책 쓰기 기술까지 나를 위한 시간을 최대한 만들어서 멘토를 찾았다. 가족이 서로에게 믿음이 없다면 이렇게 행동하는 것이 힘들 수도 있다. 다행히 우리 부부는 같은 곳을 바라보고 있었기에 내가 가야 한다면 남편은 흔쾌히 함께해 주었다.

나의 인생은 누구도 책임져 주지 않는다. 하지 못한 일을 되새기면서 후회 속에 인생을 살아가고 싶은가? 아니면 지금 당장 시간을 내어서 당신이 하고 싶은 일을 하며 자신만의 시간을 가질 것인가? 현재의 당신은 당신이 바라던 모습인가? 대학에 가기 위해 열심히 공부했고, 취업을 위해 여러 곳에 입사 지원을 했을 것이다. 현재는 당신이 원했던 일을 하고 있지 않더라도 그 옛날 오늘의 꿈을 이루기 위해 고군분투한 당신을 떠올려 보자.

자신만의 시간을 무조건 만들어라. 활기차고 행복한 은퇴는 하고 싶은 일을 시작하는 데 있다. 안 된다고 포기하지 말자. 아직 우리의 인생 2막을 포기하기에는 너무 많은 시간이 남아 있다.

03

월급의 10%는 자신에게 투자하라

돈은 유일한 해답은 아니지만 차이를 만들어 낸다.

– **버락 오바마**

이구치 아키라의 《부자의 사고 빈자의 사고》에는 월급을 받은 후 가난한 사람의 사고와 부자의 사고에 대한 내용이 나온다.

전자는 "야호! 드디어 월급날이구나! 일단 오늘 밤에는 클럽에 가서 실컷 놀고 주말에는 슬롯머신을 하러 가야지! 사장님이 가끔은 세미나에 참가하라고 하셨는데, 뭐 이번 달에 돈이 남으면 한번 생각해 봐야지."라며 자신이 즐길 것을 먼저 하는 사람이다. 그리고 돈을 남겨서 꼭 하겠다는 의지가 있는 것도 아니다. 만약 돈이 남으면 할지 말지를 생각해 본다는 것이다. 이런 사람은 설령 돈이 남는다 해도 자기계발을 할 사람이 아니다.

후자는 "300만 원 중에 100만 원은 자기계발을 위해 써야지. 매우 풍족한 생활은 할 수 없겠지만 이전까지 200만 원으로도 생활했으니까 못할 것도 없지 뭐."라며 자기계발비를 먼저 사용하고 남는 돈으로 알뜰살뜰 생활하고자 한다.

당신은 전자인가? 아니면 후자인가? 삶은 자신이 선택하는 것이다. 한 지인은 자신은 남들처럼 배우고 싶은 것은 많지만 아이들 교육비 때문에 돈을 다 써서 정작 자신은 배울 수 없다고 말했다. 그러나 지인은 형편이 넉넉하지 않은 편이 아니다. 정말 가난했다면 아이들 교육비조차도 댈 수 없는 자신을 원망했을 것이다. 지인은 자식들에게 너희 교육비를 대느라 내가 하고 싶은 것을 못했다고 말했을지도 모른다. 나는 나중에 자식에게 그런 말을 하고 싶지는 않다.

나는 아이들에게 "아빠와 엄마는 늘 배우기를 즐기는 사람이야. 배우는 일은 평생 해야 하는 거란다."라고 늘 말해 준다. 무언가를 배우기 위해서는 돈이 꼭 필요하다. 궁금한 것이 있어 인터넷을 사용할 때조차 우리는 사용료를 지불하고 있다. 책을 보고 싶다면 빌려 보기보다는 돈을 주고 사서 본다. 빌린 책으로는 책을 읽다 깨달은 부분에 표시하거나 생각을 메모할 수 없기 때문이다.

요즘은 많은 사람들이 휴일이면 차를 타고 가족들과 캠핑을 하러 떠나곤 한다. 나도 여행을 정말 좋아하지만, 가끔은 경조사들을 챙기느라 휴일을 즐기지 못할 때가 있다. 그러면 특별히 시간을 내어서라도 대형서점을 방문한다. 요즘 대형서점은 책만 구매하는 곳이 아니다. 대형서점 내에는 간단한 소품매장과 꽃집 그리고 커피전문점이 들어와 있다. 그래서 아이들과 서점을 방문하면 책뿐만 아니라 문구류도 살 수 있고, 커피전문점에서 간단하게 빵과 음료수로 허기를 채울 수도 있다. 남녀노소 즐길 수 있는 여유롭고 편안한 공간으로 탈바꿈한 것이다.

나는 자신에게 투자하는 것을 아까워하거나 가족들의 눈치를 보지 말아야 한다고 생각한다. 나에게 시간과 노력, 그리고 비용을 투자할 수 있는 사람은 가족에게도 그렇게 하기 마련이다. 특별한 음식도 어릴 때부터 먹어 본 사람이 잘 먹듯이 간단하게라도 먼저 시작하는 것이 좋다. 이런저런 핑계로 차일피일 미루다 보면 나중에는 생각이 아예 없어지고 늘 살던 대로 행동하게 된다. 나를 대우할 수 있는 사람이 남도 대우할 수 있는 법이다.

남편과 노후를 위해 개인 사업을 알아보던 중 그래도 손쉽다고 생각했던 상품 딜러를 알아보게 되었다. 창업 비용은 많이 들지 않았지만 대금 결제 용도로 어음을 받을 것을 생각하니 최소 5,000만 원은 있어야 했다. 무슨 사업이든 적게는 5,000만 원에서 많게는 수억 원이 들어가는 것이 보통이었다. 그리고 최소 3년은 버틸 수 있는 여유자금도 필요했다. 이런 것을 전혀 고려하지 않고 사업을 시작해 실패로 얼룩져 버린 인생들을 주변에서 심심찮게 보았다.

최소한의 비용인 5,000만 원을 은행에 예금으로 넣어 두면 일 년에 얼마를 받을 수 있을까? 며칠 전 예금 금리를 알아보기 위해 은행을 방문했다. 현재 금리는 아주 낮다. 연 1.3% 수준이다. 그러면 5,000만 원을 일 년 동안 예금으로 넣어 두었을 때 약 65만 원 정도를 이자로 받을 수 있을 것이다. 이자가 너무 적다.

그렇다면 나는 5,000만 원을 자기계발비로 투자하라고 말하고 싶다. 일반적으로 사람들은 금리가 낮으면 다른 금융상품에 투자하는 것을 생각한다. 주식, 펀드, 부동산 등으로 말이다. 하지만 자신에게 투자해 연봉을 높이는 것이 투자비율로 보았을 때 최소 200% 이상이 될 것이라고 확신한다. 투자비율로만 단정 지을 수도 없다. 자기계발비는 시간이 흐르면 흐를수록 그 효과가 더욱더 광범위해질 것이기 때문이다. 시너지 효과가 엄청난 투자인 셈이다.

시간을 버는 선택에 투자해야 한다. 내가 말하는 시간을 버는 선택이란, 목표가 있다면 그 목표를 먼저 달성한 전문가를 찾아서 비용을 주고서라도 노하우와 방법 등을 코칭받는 것이다. 전문가의 노하우 중에는 성공한 노하우도 있지만 실패에 대한 노하우도 있다. 성공과 실패의 노하우를 전수받아 더 빨리 성공할 수 있도록 하는 것은 물론이고 그와 같은 실패나 실수를 하지 않도록 코칭을 받는 것도 필요하다. 돌아가야 할 길을 지름길을 찾아 가는 것과 같다고 할 수 있다.

벌어들인 시간으로 당신은 과연 무엇을 할 수 있을까? 당신이 목표로 한 일에 더 빨리 다가갈 수 있고 더 나은 삶을 한시라도 빨리 살 수도 있다. 이 얼마나 획기적인가. 가치를 명확하게 판단하고 행동하지 않는 것은 안타까운 일이다. 쉽고 빠르게 갈 수 있는 길을 이리저리 해매며 어렵게 가는 것이기 때문이다.

은퇴 전에 꼭 기억해야 하는 것 중 하나는 월급의 10%는 항상 나를 위해 써야 한다는 것이다. 월급을 받으면 자기계발비를 먼저 떼어 놓자. 습관이 들지 않아서 지금 당장 어렵다면, 월급의 1%부터 시작하자. 책을 사서 보고 인터넷 강의를 들으면서 자기계발을 시작하자. 작은 것이라도 먼저 시작한 사람이 더 빨리 여유롭고 행복한 인생 2막을 시작할 수 있다.

04

확실한 은퇴 로드맵을 세워라

위험은 자신이 무엇을 하는지 모르는 데서 온다.

- 워런 버핏

내가 살고 있는 아파트 단지는 관리가 너무 소홀하다는 입주민들의 의견에 따라 새로 입주한 지 일 년도 채 되지 않아 청소하는 사람부터 경비원까지 모두 바뀌었다. 청소하는 할머니와 경비를 서는 할아버지들은 좀 더 젊은 사람들로 바뀌었다. 며칠 전까지 작은 아들의 유치원 등원길에 마주칠 때마다 "안녕하세요."라고 인사를 했는데 이제는 그 모습을 볼 수 없다. 아직까지 도매업을 하고 계신 부모님이 생각났다. 우리 부모님들이 일자리에서 해고를 당했다 생각하니 가슴 한구석이 아려왔다.

최근 뉴스를 보면 2018년 고령사회(65세 이상 인구가 14% 이상) 진입을 앞두고 은퇴 후 비정규직 노동자로 제2의 인생을 살아가는 인구가 늘고 있다고 한다. 서울 신사동에서 주차관리원으로 일하는 박 모(58세) 씨는 올해 6월 씁쓸한 일을 겪었다. 30대 중반으로 보이는 한 남성이 발레파킹 비용으로 1만 원짜리 지폐를 바닥에 던진 후 차를 몰고 사라진 것이다. 박 씨는 22일 "발레파킹 비용을 내지 않고 가려고 해 비용 지불을 요구하자 나를 한번 쓱 보더니 지갑에서 돈을 꺼내 바닥에 던졌다."라며 "한마디도 하지 않은 채 귀찮다는 듯한 표정으로 돈을 던지던 모습을 잊지 못한다."라고 말했다.

준비 없는 은퇴는 특히 비정규직에서 몸살을 앓는다. 직장에서 은퇴할 때까지 누구보다 열심히 일했지만, 직장을 나오니 이미 몸과 마음은 나이가 들었다. 일은 해야겠는데 마땅히 받아 주는 곳은 없고, 그나마 일할 수 있는 것을 감사하게 생각하며 다니는 것이 비정규직인 것이다.

당신이 생각하는 은퇴 후의 모습이 이렇지는 않을 것이다. 나 역시 행복하고 활기찬 은퇴 후를 소망한다. 그렇다면 지금부터라도 준비해야 한다. 앞의 사례가 남의 이야기만은 아니라는 것을 우리는 잘 알고 있다. 연일 뉴스에서 다루는 내용이기 때문이다. 지금 책을 읽는 이 순간에도 어디에선가는 일이나고 있는 일일지도 모른다.

은퇴 후에 나의 자존감을 짓밟히지 않기 위해서는 무엇을 어떻게 해야 할까? 직장에 다니는 지금부터 차근차근 당신의 꿈을 찾자. 내가 잘할 수 있는 일이 무엇인지, 그 일을 평생 할 수 있을 것인지 알아봐야 한다. 나의 꿈만큼 내 가슴을 뛰게 하는 일은 없다. 내가 살아 있음을 느끼는 것은 나의 열정이 불타고 있을 때다. 가슴 뛰는 일을 찾은 것만으로도 인생 2막이 활기차고 행복해질 것이다.

비행기에는 자동항법 장치가 있다. 항로를 정해 놓고 비행기가 항로를 벗어나면 정해진 항로를 이탈하지 않게 비행을 돕는 장치라고 한다. 우리도 그러한 은퇴 로드맵을 정해 놓아야 잠시 다른 일을 하게 되더라도 항상 정해 놓은 길이 있음을 인식하고 다시 그 길을 찾을 수 있을 것이다.

두 번째 인생은 아무나 할 수 있었던 일반적인 일 대신 내가 좋아하고 나만이 잘할 수 있는 일을 찾아야 한다. 우리는 소모품도 대체품도 아니다. 나를 알아주고 다른 사람들을 도울 수 있는 자신의 일을 찾아보자.

하루는 지인에게 물었다.

"지금 하는 일을 언제까지 할 수 있을 것 같아?"

"60세요."

"그다음은?"

"여행 다닐 거예요."

"계속 여행만 다닐 수 있을까?"

"……"

준비한 끝에 나만의 일을 찾았다면 그 일에 대한 책을 써 보는 것은 어떨까? 아니, 꼭 써야만 한다. 스스로 글을 써 보는 것만큼 나를 알기 위한 좋은 방법도 없다. 일기도 좋다. 자신이 평소에 좋아하던 일에 대한 생각들과 그 일을 진행하기 위한 방법들을 알고 있다면 필요한 이들에게 도움을 줄 수도 있다. 책을 쓰면서 나도 스스로에 대해 좀 더 알게 되었다. 내가 바라는 것이 명확해지고 나의 길이 뚜렷이 나타났으며 앞으로 해야 할 많은 일들을 생각하게 되었다. 꿈이 명료해지고 꿈을 가꾸기 위한 생각으로 가슴이 벅차오르는 것을 느꼈다. 책을 써서 이미 성공자로 인생 2막을 살고 있는 당신을 상상해 보라.

물론 꿈을 실현하기 위한 과정에서 두려움도 생길 것이다. 문요한 정신과 전문의는 두려움은 무조건 부정적인 것만은 아니라고 했다. 그는 '두려움을 용기로 바꾸는 마음의 연금술'이라는 주제로 〈세상을 바꾸는 시간, 15분〉에서 '아름다운 두려움'에 대해 이야기했다. 아름다운 두려움이란 새로운 환경으로 나아가는 설렘, 도전, 기대감, 경외감, 정의감 등의 감정을 느낄 수 있게 해 주는 것이라고 한다. 이러한 두려움이 생길 때 그는 첫 번째, 두려움 앞에 마주할 수 있는 용기를 가지고, 두 번째, 그 두려움에 이름을 붙여 보라고 했다. 두려움을 느끼는 감정과 감각을 인지하고 묘사하는 것이다. 마지막으로 두려움이 생긴 상황에 대한 해석과 나의 행동에 초점을 두고 상황과 행위에 집중한다.

"때로는 두려움을 이겨 내야 그 건너편의 아름다움을 볼 수 있단다."

영화 〈굿 다이노〉의 대사다.

언제든 내가 하고 있는 일이나 책으로 쓴 내용에 대한 강연을 할 수 있도록 준비해야 한다. 누구든 당신이 하는 일에 대해 궁금해 한다면 코칭을 해 줄 수 있도록 준비하는 것도 잊지 말자. 나의 경험과 실패담 혹은 성공담은 그들에게 유용한 정보가 될 것이다.

개인 저서는 훌륭한 강연 자료가 된다. 내가 생각했던 많은 내용들이 그 책에 고스란히 담겨져 있기 때문이다. 나의 스토리와 경험 등은 누구에게나 유용하게 활용될 수 있다.

이외에도 내가 하고 있는 일에 대한 프로그램을 만들어 보자. 소모임처럼 4주 정도 나의 경험과 지혜를 공유하는 프로그램도 좋다. 내가 하는 일을 하고 싶어 하는 사람들에게 여러 가지 정보와 경험을 공유하는 프로그램을 제공하자. 대가를 지불하지 않는 경험과 정보 공유는 그 가치를 인정받을 수 없다. 그냥 주어진 경험과 정보는 인터넷에 떠도는 평범한 정보들이지만 당신이 높은 가치를 부여하고 그들에게 제공하는 고급 정보는 가치가 높은 정보로 인식될 것이다.

이제 당신은 은퇴의 분명한 로드맵을 가지게 되었다. 자동차 운전을 할 때도 내비게이션을 켜 놓고 운전하는 경우가 많다. 길을 잘못 들었을 때 재탐색해서 길을 알려 주듯이 은퇴의 로드맵도 내비게이션과 같은 역할을 수행한다. 목적지로 가는 경로를 정해 놓았다면 잠시 길을 헤매더라도 다시 찾을 수 있다. 당신은 이제 활기차고 행복한 인생 2막을 위한 분명한 로드맵을 가졌으니 멋진 인행을 한번 더 힘차게 달려 보자.

05

시간과 돈을 벌어다 주는 시스템을 만들어라

작은 기회로부터 종종 위대한 업적이 시작된다.
- **데모스테네스**

사전에서 '시스템'을 찾아보면 "필요한 기능을 실현하기 위해 관련 요소를 어떤 법칙에 따라 조합한 집합체"라고 나온다. 예를 들면 직장에서는 일반적으로 주 40~44시간을 일해야 한 달마다 월급을 받는다. 이것이 월급을 받는 하나의 시스템이라고 할 수 있다. 그런데 이런 시스템 말고 다른 시스템은 없을까? 하루 3시간만 일하고 한 달 월급을 받을 수는 없을까? 당신은 이러한 2가지 시스템 중 어떤 것을 고를 것인가?

어느 누구라도 후자를 선택할 것이다. 직장인들은 회사가 만들어 놓은 시스템 아래 움직인다. 보통 하루 8시간씩 정해진 시간 내에서 업무를 처리하고 주 5일씩 한 달을 일하면 정해진 날짜에 일괄적으로 월급을 받는다. 여기서 대출금 이자, 공과금, 교육비,

생활비 등으로 지출을 하고 나면 또 한 달을 일하며 살게 되는 것이다.

월급을 받는 시스템과 다른 시스템도 얼마든지 있다. 생계형 창업 대신 지식 창업을 해서 1인 기업가로 발돋움하는 것이다. 내가 좋아하고 잘할 수 있는 일을 찾아 나만의 경험과 지식으로 온라인 마케팅을 하면, 창업 자금도 크지 않으면서 스스로 시스템을 구축하고 운영할 수 있다는 장점이 있다. 물론 전문가의 도움을 받는다면 좀 더 빠르고 안정적인 시스템을 구축할 수도 있다. 그렇지만 혼자서도 충분히 시스템을 만들 수 있다. 이미 다양한 관심사를 가진 온라인 마케터들이 왕성한 활동을 하고 있는 곳이기 때문이다.

온라인 마케터들은 기존 회사들의 월급 시스템을 따르지 않는다. 마케팅 상품이 팔리는 즉시 결제 시스템에 의해 결제되고 간단한 처리를 거친 후 통장으로 수수료 등을 제외한 판매금이 들어온다. 팔 수 있는 상품을 많이 만든다거나 판매가가 고가일 때 임금이 좀 더 높아지는 것은 당연한 일이다. 내가 일한 만큼의 임금을 내가 벌 수 있다. 일한 시간과 노력에 비례한 가격을 나 스스로 정할 수 있다. 이 얼마나 매력적인가.

박준기, 김도욱, 박용범의 《지식창업자》에는 "관건은 바로 지식을 통해 다른 이들과 적절히 공유하고 소통하는 것이다. 방대한 양의 지식 속에서 자신이 식별할 수 있는 언어로 바꾸어 다른 사람과 나누고 그 안에서 새로운 의미를 찾아내는 것이다. 지식은 다양한 방법을 통해 얻을 수 있지만 이를 소통하고 공유하는 것이 더 중요하다."라는 내용이 나온다.

내가 가치 있는 지식과 경험을 가졌더라도 그 정보를 다른 사람들과 공감할 수 없고 소통할 수 없다면 무용지물이다. 공감과 소통을 할 수 있는 시스템을 만들어야 한다. 공감과 소통을 이끌어 내어 거기다 정당한 가격을 부여한다면 또 다른 나만의 시스템을 구축할 수 있다.

브렌든 버처드의 《메신저가 되라》에서는 "내가 가진 것으로 어떻게 가치를 만들까?"라는 물음에 "기업가형 메신저들은 다음 활동을 통해 돈을 번다."라고 답하며 몇 가지 항목을 제시했다.

- 글쓰기
- 강연
- 세미나
- 상담
- 경영 컨설팅
- 온라인 마케팅

나는 '내가 가진 지식과 경험으로 어떻게 가치를 만들까?'라는 물음을 버처드의 답에 견주어 이야기하고자 한다. 글쓰기는 꼭 필요하다. 글쓰기로 책을 출간한다면 더없이 좋겠지만 꼭 책이 아니어도 상관없다. 최근에는 컴퓨터에서 스마트폰으로 빠르게 정보가 이동하고 있다. 블로그나 카페를 운영하기 위해서는 글쓰기가 꼭 필요하다. 일기를 쓰듯이 해도 상관없다. 하지만 SNS에 글을 쓸 때는 읽는 사람을 배려한 글쓰기가 꼭 필요하다.

블로그 마케터를 이용한 홍보가 대중의 인기를 얻기 위한 필수 요건이 되었음은 특히 연예계를 보면 알 수 있다. 인기 연예인들은 촬영 준비나 후기를 포스팅을 통해서 SNS에서 홍보를 한다. 대중은 포스팅을 통해 좋아하는 영화나 드라마 속 주인공의 모습과 촬영장 분위기 혹은 그들의 생각을 들여다볼 수 있다. 이는 마치 내가 그들과 함께한다는 생각이 들기 때문에 아주 강력한 홍보 수단이 된다. 짧지만 단시간에 대중을 사로잡기 위한 글쓰기인 셈이다.

내가 가진 지식과 경험으로 강연을 한다면 수많은 대중들과 같은 시간 및 장소에서 여러 가지 정보를 공유하고 소통할 수 있다. 온라인도 좋고 오프라인이어도 상관없다. 예전에는 유명 인사의 강의를 들으려면 몇 시간씩 걸려서 강연장을 찾아야 했다. 강연장에서 듣는 강의는 강연자의 행동과 분위기에 끌려 같이 호흡하며 듣게 된다. 가끔은 나도 강연자를 직접 보고 현장의 분위기를 생생하게 느끼고 싶어 먼 길도 마다 않고 찾아가서 강의를 듣기도 한다. 그러나 시간이 여의치 않거나 비용 마련이 어렵다면 온라인에서도 얼마든지 값비싼 강의를 편안히 내 집에서 들을 수 있다. 나도 스마트폰을 이용해 지하철을 타고 있을 때 또는 편안히 집에서 유튜브 강의를 찾아서 보고 듣기를 즐긴다. 개인도 스마트폰으로 손쉽게 동영상 촬영을 해서 유튜브에 올릴 수 있다. 준비가 되었다면 함께 온라인 강의에도 도전하자.

나머지 상담과 컨설팅은 개인이나 단체가 원하는 바를 직접 들음으로서 나의 지식과 경험이 담긴 고급 정보들을 가지고 조언을 하는 것이다. 필요한 부분이 있다면 더 나은 방향을 모색해서 방법을 제안하는 컨설팅을 하기도 한다. 단시간에 큰 변화를 원하는 고객을 위한 것이기에 비용이 글쓰기와 강연보다는 높을 수밖에 없다. 상담과 컨설팅은 글쓰기와 강연이 홍보가 된 후 대중이 나를 직접 찾아야 하는 것이다. 꾸준히 글쓰기와 강연을 진행한다면 어느 순간에 상담과 컨설팅은 자연스럽게 이루어질 것이다.

따라서 글쓰기와 강연 그리고 상담과 컨설팅을 꾸준히 할 수 있는 시스템을 가지는 것이야말로 기존의 월급을 받는 시스템을 벗어날 수 있는 길이다. 또한 나만의 지식과 경험을 가지고도 스스로 시간과 돈을 벌어다 주는 시스템을 구축할 수 있다. 대중이 원하는 지식과 경험은 꼭 유명인의 것만이 아니다. 이제는 같은 처지의 평범한 사람들이 먼저 경험해서 쌓은 지식으로 수많은 대

중에게 실질적인 도움을 주기 때문이다. 나 또한 나의 경험을 통해 쌓인 지식으로 그것을 필요로 하는 사람들에게 사람들에게 실질적인 도움을 주기를 원한다. 나의 연락처인 010.2635.6429로 문의를 준다면 친절히 답변을 해 줄 것이다. 은퇴 전에 꼭 해야 할 준비 중 하나는 하루빨리 월급을 받는 시스템에서 탈출하는 것이다. 함께 필요한 요소들을 준비해 나만의 시스템을 함께 구축하자. 시간과 돈을 벌어다 주는 시스템을 구축하고 관리하는 것은 활기차고 행복한 인생 2막을 위해 충분한 영양을 공급하는 것과 같다.

06

대체 불가능한 사람이 되라

위대한 사람은 기회가 없다고 원망하지 않는다.

- 랄프 왈도 에머슨

최근 뉴스에서는 로봇이 일자리를 대체해 앞으로 한국도 현재 직업의 50%가 사라질 가능성이 있다고 보도했다. 서울 중구 정동에 위치한 맥도날드는 4대의 무인정보 단말기가 손님들의 주문을 받는다. 그래서 주문을 받는 종업원이 없다. 또한 미국의 샌프란시스코에 위치한 한 상점은 점원 대신 로봇이 고객의 쇼핑을 돕는다. 인공지능으로 언어를 학습해 다양한 언어로 고객에게 서비스를 할 수 있어 만족도가 높다. 이뿐만 아니라 진보된 기술이 다양한 곳에서 인간의 일자리를 위협하고 있다. 4차 산업혁명으로 2020년 15개국에서 710만 개의 일자리가 사라지고, 200만 개의 새로운 일자리가 생겨날 것이라고 한다.

다양한 기술의 발전으로 인간의 생활은 점점 편리해져 왔다.

청소기와 세탁기 등 생활가전의 발전으로 여유 시간이 더 많아졌음은 말할 필요도 없다. 이런 편리함이 주부인 나에게는 자기계발에 좀 더 시간을 할애할 수 있게 되어 반가운 일이다. 하지만 은행에서는 ATM으로 인해 사무원의 일자리가 많이 줄어들었다. 편리하다고 반기기만 할 일은 아니다. 마트 계산원의 자리도 무인결제시스템으로 대체되고 있는 상황이다. 이처럼 앞으로 사회 전반적인 시스템들이 자동화될 것이다.

뉴스에서는 연일 실업률에 대한 내용이 다뤄지고, 자동화 시스템이 우리의 자리를 위협한다. 세계적인 인공지능 학자 제리 카플란은 실업은 상당히 심각한 문제가 될 것이며 지금의 교육방식에 대대적인 변화를 주지 않는다면 기술의 발전을 따라잡을 노동자는 없을 것이라고 말했다. 구할 수 있는 일의 종류가 너무 빨리 변화해 선두에 섰다고 생각한 순간 시대에 뒤떨어진 기술이 될 것이라고도 했다. 그래서 현재의 직업 훈련 시스템을 바꾸어야 한다고 강조했다.

한국고용정보원은 우리나라 주요 직업 400여 개 가운데 인공지능과 로봇기술이 대체할 확률이 낮은 직업들을 발표했다. 그중 1위는 화가·조각가, 2위는 사진작가·사진사, 3위는 작가·전문가 순이었다. 공교롭게도 1~3위가 모두 예술·문화 관련 영역의 직업이다. 창의력이 바탕이 되어 인간의 감성을 다루는 직업인 것이다.

빅 데이터를 가지고도 섬세한 인간의 감동과 욕망이 담겨 있는 예술 작품은 감히 로봇이 흉내 낼 수 없다.

그렇다면 창의적인 생각은 어디에서 나올까? 외국에서 심리학을 연구한 한 박사의 강의를 몇 년 전 학교 특별 강연에서 듣게 되었다. 그의 연구 결과에 의하면 창의력은 다년간 한 분야에 집중해 기본기를 익히고 꾸준히 성공과 실패를 거듭하며 경험이 쌓이게 되는 순간에 발휘될 수 있다고 했다. 강의를 들으면서 이상훈 작가의《1만 시간의 법칙》과 공병호 박사의《10년 법칙》이라는 책의 제목들이 떠올랐다.

당신이 몸담고 있거나 좋아하고 잘할 수 있는 특정 분야에서 꾸준히 경험을 쌓아 보자. 경험을 쌓으면서도 다양한 자기계발서 읽기와 글쓰기를 멈추지 말아야 한다. 늘 새로운 정보에 귀를 기울이자. 하루에 한 번씩은 뉴스를 검색해 보고 내게 필요한 내용을 살피도록 하자. 경제, 생활, 문화 영역도 도움이 되지만 흥미가 없던 분야의 뉴스들도 가끔은 살펴보는 것이 좋다. 하나의 정보와 정보가 만나 새로운 정보를 형성하기 때문이다.

2년제 대학을 졸업하고 전공과는 상관없이 열악한 환경에서 한 달씩 버티며 일하고 있을 때였다. 친척 언니의 소개로 한 다국적 기업의 부산영업소 사무원으로 면접을 보게 되었는데, 다행히 면접을 통과해 사무직으로 근무를 시작했다. 정규직이 아닌 일

년 단위의 계약직 사무원이었다. 다국적 기업에서 영어도 할 줄 몰랐던 나에게 사무원을 맡긴 것은 간단한 서류를 작성하고 영업사원들의 국내 전화 연결 등을 위해서였다. 가끔 서울 본사에서 행사가 있으면 나도 그 자리에 함께 참석하기도 했다. 부산에서 홀로 상경한 어린 여직원을 살뜰히 챙겨 주는 커리어 우먼 선배들의 배려로 서울 출장은 언제나 즐거웠다. 그곳에 근무했던 사람들은 모두가 정말 능력 있는 사람들이었다. 영어는 필수고 출중한 컴퓨터 실력까지 겸비한 이들도 있었다. 당시는 PC통신으로 간단한 텍스트를 송수신하던 때였는데, 어느 날 두 대의 컴퓨터를 이용해 서로 데이터를 주고받는 것을 보게 되었다. 이전까지 그런 광경을 본 적이 없던 터라 신선한 충격을 받았다. 이때의 경험은 나중에 내가 대학에 진학할 때 전공을 선택한 이유 중 하나가 되었다.

3년이라는 시간이 흐르고 어느 이른 봄날 나는 권고사직을 당했다. 부산의 영업사무소가 더 이상 필요하지 않게 된 것이다. 다행히 미리 준비 기간을 두었기 때문에 크게 충격을 받지는 않았지만, 다시 대학을 가서 공부해야겠다는 생각이 들었고 편입시험을 준비하게 되었다.

누구나 할 수 있는 일은 언제든 바뀔 수 있는 소모품과 대체품이다. 우리는 한낱 소모품과 대체품이 되어서는 안 된다. 공무원 시험을 준비하는 사람들을 보자. 일반 사무직에 있는 사람들은 어떠한가. 합격을 하거나 취업을 해서 부여받은 그 자리가 나 아니면 할 수 없는 일인가?

1인 기업가로 〈은퇴1인창업연구소〉를 운영하고 있는 지금의 나는 대체 불가능한 사람이다. 나만의 경험과 스토리를 바탕으로 은퇴 준비에 관한 저서를 출간했기 때문이다. 나의 도움을 필요로 하는 이들도 있다. 당신이 원한다면 나는 언제든지 당신을 도울 준비가 되어 있고 아이디어도 풍부하다. 내가 외부에서 강연을 한다면 절대 다른 사람은 그 자리를 대체할 수 없다. 나 아니면 할 수 없는 강연이기 때문이다. 나의 책을 읽고 나의 경험과 스토리를 들으려고 온 사람들에게 다른 사람이 강의를 하도록 할 수는 없지 않은가.

대체 불가능한 나를 만드는 일은 결코 어려운 것이 아니다. 세상에 똑같은 사람은 없다. 똑같은 경험을 가지고 있더라도 사람마다 다양한 생각을 한다. 다른 사람이 먼저 시도했다고 해서 포기하지 말자. 나만의 방식으로 경험과 창의적인 생각을 담아 브랜드를 만들면 된다. 나만이 할 수 있는 방식으로, 그리고 내가 잘할 수 있는 방법으로 도전하는 것이 인생 2막을 더없이 풍요롭고 여유롭게 만들어 줄 것이다.

07

은퇴 후 삶은 스스로 책임져라

삶은 우리가 기대하는 것을 우리에게 줄 의무가 없다.

- 마거릿 미첼

자식 교육에 우리나라만큼 열성적인 부모들도 드물 것이다. 아이들의 사교육을 위해 엄마는 파트타임 근무도 마다하지 않는다. 주변 지인들을 보더라도 자식 교육 때문에 직장을 나가는 엄마들이 적지 않다. 최근 뉴스에서도 자식들에게 가진 재산을 다 나눠주고 지방에서 노부부가 어렵게 생활하는 기사를 보았다. 부모의 입장에서는 자식에게 가진 것을 다 나눠 주어도 아깝지 않다. 그러나 스스로를 건사할 정도의 경제력은 남겨 두었다면 좋았을 텐데 하는 아쉬움이 남았다.

주변 지인들과 만나 차를 한잔 마시면서 자식 이야기를 할 때가 있다. 그녀들은 이구동성으로 자식을 대학을 졸업시키고 결혼할 때 집 한 채는 장만해 줘야 한다고 말했다. 우리 부부는 결혼

할 당시 모아 놓은 돈이 별로 없어 시어머니 댁에서 신혼생활을 시작했다. 모자란 돈은 은행에서 대출을 받아 충당했다. 결혼 후부터는 맞벌이를 하며 빚을 갚고 조금씩 돈을 모으기 시작했다. 양쪽 집안이 그리 넉넉하지 않았던 터라 집을 장만해 주시리라고는 생각도 하지 않았다. 우리 이름으로 된 집을 장만할 꿈을 꾸며 갓난아기를 안고 아파트의 모델하우스를 정말 많이 둘러보고 상담을 받았다. 둘이서 새 아파트의 모델하우스를 둘러볼 때면 그곳의 방이 내 방인 양 이곳저곳 살피고 사진도 찍었다. 미분양 실물하우스가 있으면 시간을 함께 내어 부동산 실장님과 둘러보기도 했다. 부동산 중개업소를 수없이 방문해 눈치 보지 않고 상담했다. 우리 집을 갖겠다는 열망에 힘든 줄도 몰랐고 하나하나 알아가는 것이 재미있었다.

자식들이 힘들까 봐 미리 알아서 힘든 문제들을 처리해 주려는 부모님의 마음은 이해가 된다. 그러나 나처럼 힘들었지만 내 것을 하나하나 장만해 나가는 즐거움과 기쁨을 자식들에게 알게 해 주는 것도 부모로서 할 일이 아닐까? 부모님 곁에 있을 때는 경제력에 대해 진지하게 생각을 해 본 적이 없다. 왜냐하면 부모님이 알아서 다 해 주셨으니 말이다. 그러나 나는 결혼을 하면서 경제적으로도 독립했다. 매일 인터넷을 통해 경제뉴스도 읽게 되었고 부동산 관련 정보도 수집했다. 내 집을 갖기까지 어려운 일도 있었지만 스스로 독립해 선택할 수 있게 되었다.

이제 중학교 1학년인 지훈이는 나의 첫아들이다. 아들과 나는 서로가 라이벌이다. 아들에게 나는 종종 이렇게 말한다.

"지훈아, 너는 엄마를 뛰어넘는 아들이었으면 좋겠다."

그러면 아들은 항상 나와 비교하며 이렇게 말하곤 한다.

"엄마도 스마트폰을 보면서 왜 나보고는 보지 말라고 하는 거예요? 엄마를 뛰어넘으려면 더 많이 봐야 하는데."

"아들아, 스마트폰 말고 공부하며 노력하는 열정을 뛰어넘으면 안 될까?"

하루는 아들이 저녁이 조금 지난 시간에 친구와 함께 와서는 나에게 말했다.

"우리 지금 놀고 싶은데 친구 엄마가 놀지 말라고 해요. 늦게까지 놀면 일찍 일어날 수 없대요"

"그럼 주말에 놀면 안 될까?

"주말은 한 시간만 놀고 오라고 하세요. 우리는 언제 마음대로 놀 수 있어요?"

중학교 1학년인 아들은 놀 시간이 부족하다며 하소연했다. 보통 아이들은 정규수업을 마치고 방과 후 수업이나 사설학원을 다닌다. 하루에 하나부터 많게는 서너 개의 사설학원을 놀기도 한다. 주말이면 밀린 학업을 보충하려 개인과외를 받기도 하니 정말 아이들은 어울려 놀 시간이 없다. 보통 아이들의 스케줄 관리는 엄마의 몫이다. 이렇게 꽉 찬 스케줄을 만들려면 비용이 적게는

30만 원부터 많게는 백 단위가 넘기도 한다.

이렇게 사교육을 받은 후 대부분은 대학을 나와서 공무원이나 대기업 혹은 중소기업을 다니는 직장인이 된다. 직장인이 되었다고 좋아할 일이 아니라는 것은 잘 알고 있다. 요즘은 평생직장의 개념이 사라졌기 때문이다. 우리 아이들이 한창 일할 나이에는 지금의 시스템은 붕괴되고 새로운 시스템이 자리 잡을 것이다. 시대는 빠르게 변화하고 있는데 여전히 우리는 과거의 시스템에 얽매여 자식에게 올인하고 있는 것인지도 모른다. 부모 세대인 우리가 생각을 바꿔야만 한다.

아이들은 지쳐 쓰러질 만큼 운동하고 탐구하며 학창 시절을 보내야 하는데 현재의 교육제도는 그렇지 못하다. 특목고를 졸업하고 카이스트를 다니던 지인의 아들은 대학생활을 하던 중 허리에 무리가 와서 한 해를 휴학하며 오로지 건강 관리에만 전념한 경우가 있었다. 공부만 하느라 근력을 키우는 운동을 할 수가 없었고 장시간 앉아 있으면서 몸 여러 곳에 무리가 간 것이었다. 주변의 아들 친구들도 면역력이 약한 경우가 많다. 햇빛 아래서 제대로 뛰어놀 수가 없으니 면역력을 강화시킬 수 있을지 의문이다.

자식을 독립적인 인격체로 대우하자. 제 삶의 문제들은 그들이 스스로 책임질 수 있도록 독려하자. 누군가에 계속 의지한 채로 인생을 살아간다면 진정한 책임의식과 문제해결의 성취감을 경험할 수 없을지도 모른다. 진정한 부모의 자세는 자식들의 독립을 응원하고 격려해 주는 데 있다. 스스로 무엇이든 도전하고 책임지게 하자. 자기관리 정도는 자신이 할 수 있도록 내버려 두는 것은 어떨까? 부모에게 의존하는 습관은 우리가 들이고 있는 것일 수도 있다. 나이 들어서도 독립하지 못하고 부모에게 기대어 사는 캥거루족은 남의 자식 이야기가 아니다.

부모인 우리는 무턱대고 자식에게 올인하기보다 은퇴 후를 스스로 책임져야만 한다. 부모와 자식은 서로 독립적인 생활을 영위할 필요가 있다. 우리보다 더 복잡하고 힘든 삶을 살아가야 하는 자식들에게 부담이 되기보단 우리의 삶을 스스로 책임질 수 있는 여건을 마련해 놓아야 한다. 지금이라도 늦지 않았다. 조금씩 미리 준비하는 시간을 갖도록 하자. 각자가 독립적인 삶을 영위할 수 있을 때 진정한 은퇴 후의 풍요와 여유가 당신을 활기차게 하고 행복하게 만든다는 것을 꼭 기억하라.

08

평생의 동반자와 함께 자기계발을 즐겨라

뭉치면 서고, 갈라지면 넘어진다.

- 이솝

언제나 든든한 내 편이 있다는 것은 마음에 큰 안정감을 가져다준다. 나는 부모님으로부터 독립해 새로운 가정을 이루면서 사랑과 소속의 욕구를 새로이 충족시키게 되었다. 더불어 한 울타리 안에서 성실히 살아가고 있는 남편을 보면서 존경의 마음이 절로 우러났다. 결혼 14년 차를 향해 같이 걷고 있는 우리 부부는 상대방을 믿고 서로 의지하며 서로가 잘되기를 항상 바라 왔다. 지금도 같이 책 쓰기를 준비하며 활기찬 노후를 보내기 위한 준비를 한다. 이렇게 되기까지는 어려움도 있었지만 같이 의논하고 함께 행동했기에 지금의 이 시간을 즐기고 있다고 말할 수 있다.

우리는 14년 전 부족한 결혼 자금을 충당하기 위해 은행에서 대출을 받아 시어머니의 작은 아파트에서 신혼생활을 시작했다.

석사 학위를 취득하고 모교에서 시간 강사를 시작한 지 얼마 되지 않았을 때라 모아 둔 자금이 없었다. 다행히 결혼을 하고도 시간 강사를 계속 할 수 있어 대출금도 갚고 약간의 목돈도 마련했다. 첫째를 낳고도 친정 이모께 아이를 맡기고 열심히 돈을 벌었다. 덕분에 결혼한 지 6년 만에 경남 양산시에 위치한 아파트를 마련할 수 있었다. 조금 모자란 돈은 다시 은행 대출을 이용했다.

마이너스 통장으로 시작했지만 우리 부부의 사랑만은 누구보다 컸다. 부모님도 경제적 여건 때문에 처음엔 결혼을 반대하셨지만 '할 수 있다!'라는 자신감으로 경제적 고비를 넘길 수 있었다. 장녀로서 부모님과 동생들에게 잘 사는 모습을 보여 주고 싶었던 터라 힘들어도 털어버리곤 했다. 마음의 고비가 찾아올 때마다 긍정적으로 생각한 덕분에 크게 힘들지는 않았다. 내가 힘들면 사랑하는 사람도 같이 힘들기 때문이다.

남편은 현재 직장생활 23년 차로, 말단 생산직 사원에서 시작해 현재 한 부서의 팀장을 맡기까지 직장에서 청춘을 불사른 사람이다. 요즘은 이직이 흔해 오랜 기간 한 회사를 다닌 사람이 저평가되기도 한다. 그러나 나는 남편을 존경한다. 한 회사에서 꾸준히 자신을 갈고닦아 여기까지 왔기 때문이다. 물론 한편으로는 매일 새벽에 출근하고 저녁이 되어서야 돌아오는 남편이 안타까울 때가 있다. 자신만을 위한 시간이 너무 부족해 보이기 때문이다.

경남 양산에서 부산광역시로 이사한 어느 추운 겨울 새벽, 출근하는 남편이 깜깜한 아파트 단지 사이를 뛰어가는 모습을 베란다에서 보고 있자니 남편의 어깨에 실린 무게가 느껴졌다. 안타까움과 측은함이 울컥 밀려오며 미안한 생각이 들었다. 그러면서 우리 가족을 위해서 일터로 나가는 남편이 더 고맙게 느껴졌다. '아이들을 건강하게 키우는 것 말고 남편을 위해 내가 할 수 있는 일이 없을까?' 둘째가 생겨 맞벌이를 그만두었기 때문에 홀로 직장을 다니는 남편이 더 힘들어 보였다. 그때부터 '우리가 나이 들어서 같이 할 수 있는 일은 무엇일까?'를 고민하게 되었다.

살고 있는 아파트를 옮기면서 경제적으로 조금 더 여유로워졌다. 운이 좋게도 이사를 다닌 아파트마다 매번 가격이 올랐다. 처음엔 번듯한 아파트를 장만하기 위해 아파트 관련 책을 읽고 인터넷 경제 뉴스를 매일 보았다. 이러한 행동들이 우리에게 경제적 여유를 가져다주었다 해도 과언이 아니다. 남편은 경제 서적을, 나는 부동산 책을 구매해 나누어 읽었다. 책을 통해 우리 부부의 대화거리가 좀 더 늘어났다. 그때 자기계발서를 접하게 되었고 한 달에 책을 구매하는 비용이 늘어나기도 했다.

강사의 자질을 향상시키려면 외부 교육을 받는 것은 필수다. 나는 시간 강사를 하는 중에도 그리고 정보시스템 감리원을 하면서도 자비로 다양한 교육을 받았다. 좋은 교육을 받고 나면 남편에게도 추천했다. 예를 들면 프로젝트 관리에 관한 교육도 그

중 하나다. 대부분 서울과 대전에서 받은 교육으로, 시간과 비용이 많이 들긴 했지만 이를 통해 우리의 삶이 좀 더 나아졌다고 말할 수 있다. 나는 남편이 진급을 앞두고 있을 때 미리 해당 교육을 받을 것을 조언하기도 했다. 지금도 신문을 보다가 좋은 교육의 광고를 보면 추천하기도 한다. 현재도 우리 부부는 더 나은 미래를 위해 각자 개인 저서를 준비하고 있다.

예전에 동생이 교통사고를 당했을 때는 몸과 마음이 무척 힘들었다. 그때 보험사와 경찰서에 문의하고 정리를 도와준 사람이 바로 남편이었다. 경황은 없었지만 남편이 차근차근 처리를 해 준 덕분에 친정 부모님과 나는 동생의 쾌유만을 빌었고, 동생이 입원한 대전의 대학병원을 오가며 상태를 파악했다. 서울에 있는 병원으로 옮기려고 지인들에게 부탁했지만 그 부탁을 들어줄 만한 지인은 없었다. 담당의사와 의논한 끝에 그 병원에서 치료를 계속하기로 했다. 나에겐 남편만이 큰 의지가 되었다.

남편도 시어머니가 여러 번 척추수술을 하셨던 터라 꽤 오랜 기간 힘들었다. 그때 나는 갓난아이를 업고 수술 후 입원해 있을 병원을 수소문해서 남편과 같이 의사의 상담을 받았다. 어린 아이들을 어른들이 입원해 있을 병원에 자주 데려가는 것을 꺼리는 엄마들도 있다. 하지만 내 처지가 그럴 형편이 안 되었기에 마음을 졸일 수만은 없었다. 의사들과 상담을 할 때는 같이 있어 주는 것이 정말 중요하다. 아픈 시어머니의 상태를 확인하고 큰 수술을 맡길 때는 정신이 없을 수도 있기 때문에 옆에서 함께 들어 주고 상담하는 것이 좋다. 남편도 병원을 이곳저곳 방문해 같이 상담을 받은 나에게 함께 있어 줘서 고맙다는 말을 했었다.

이렇게 내가 평생의 동반자를 내 편으로 만들기 위해 실천했던 것은 첫째, 자기계발 도서를 함께 읽고 토론하기, 둘째, 자기계발 비용을 서로 아끼지 말기, 셋째, 힘든 상황이 닥치면 서로 의논하고 상대와 되도록 함께하기였다. 여러분도 한번 실천해 보길 바란다.

평생의 동반자를 내 편으로 만드는 것은 결코 쉬운 일이 아니다. 그러나 사랑과 이해, 관심과 배려만 있다면 어렵지 않을 것이다. 서로가 잘되기를 격려하는 진실된 마음은 서로 통하기 마련이다. 부족한 부분은 서로 채워 주며 한 가정을 이뤄 나아갈 때 우리의 미래는 밝아지리라고 믿는다. 어떠한 어려움이 닥친다 해도 영원한 내 편이 있는 한 외롭거나 힘들지 않을 것이다.

09

가족관계에도 기술이 필요하다

좋은 집이란 사는 것이 아니라 만들어지는 것이어야 한다.

– 조이스 메이나드

《남자가, 은퇴할 때 후회하는 스물다섯 가지》에는 다음과 같은 남성의 이야기가 나온다. 여름휴가 기간에 아내와는 이런저런 일로 의견이 맞지 않고 아이들과도 어색한 분위기만 만들었던 한 남성은 12년째 기러기 아빠 생활을 해 온 은퇴자였는데, "은퇴를 준비하고 있을 무렵 외국에 있던 아내에게 서로 따로 사는 편이 좋겠다고 헤어지자는 메일을 받았다."라고 했다. 그 순간 그는 세상에 홀로 내버려지는 듯한 느낌이 들었다고 한다.

어디서부터 잘못된 것인지 어떻게 해야 할 것인지 난감한 경우였다. 꼭 기러기 아빠가 아니더라도 직장인 아빠들은 대부분 다른 세계에 살고 있는 사람인 경우가 많다. 아내와 아이들에게 관심과 사랑을 내비쳐야 할 시간에도 회사 업무와 스트레스로 몸살을 앓는다. 아이들이 한창 성장할 나이에는 엄마들의 시간과 정성만큼이나 아빠의 몫도 필요하다. 다행히 예전의 아버지 세대보다는 지금의 아빠들이 훨씬 다정다감하긴 하다.

가족과의 관계란 무엇일까? 남편의 영역과 아내의 영역 그리고 아이들의 영역이 존재한다고 생각해 보자. 그 영역들 간의 교차지점이 '크다' 또는 '작다'가 가족관계가 '좋다' 혹은 '나쁘다'로 판단된다. 서로의 삶에 영향을 주면서 사랑과 이해, 용서가 이루어질 때 관계는 만들어진다. 시간과 노력이 필요한 일이다.

가화만사성(家和萬事成)이라 했다. 가정이 화목하면 모든 일이 잘된다. 즐겁고 행복한 가정을 이루고 사는 사람은 어떤 어려움이 와도 이겨 낼 수 있다. 반대로 가정이 화목하지 못하면 아무리 사회적 성공을 이루었더라도 초석이 제대로 서 있지 않은 위태로운 건물과 같다.

첫아들 지훈이가 태어나고 다음 학기부터 시간 강사 일을 시작했다. 친정에서 더부살이를 하다가 친정 이모에게 아이를 맡기고는 맞벌이에 집중했다. 이모가 다섯 살까지 키워 주셨으니 아이는 이모할머니에게 길들여져 있었다. 아이가 다섯 살 때 나의 가족은 친정으로부터 독립했다. 그때부터 아이와 나는 갈등과 대립의 악순환이었다. 이모할머니와 외할머니에게 길들여진 아이는 엄마의 생활방식이 낯설었고, 나는 육아서적과 인터넷으로만 봐 왔던 육아가 뜻대로 되지 않아 스트레스를 받았다. 그때부터 아들과 내가 하루 종일 함께하며 서로를 알아가고 이해하는 과정이 시작되었다. 같이 소리 지르고 부둥켜안고 울기도 하고 서로에게 자신의 영역을 공유하기 시작했다. 공원, 놀이터, 도서관, 물놀이장도 함께 가면서 온 마음을 다해 관계를 두텁게 만들기 시작했다.

《남자가, 은퇴할 때 후회하는 스물다섯 가지》에서 은퇴한 한 남성은 가족에게 미안하다는 말을 하기 전에 내가 왜 늦게 들어가야만 하는지, 회사 생활이라는 것이 어떤 건지, 출장 가서는 무슨 일을 하는지를 자세히 설명했다면 아빠를 이해하는 데 조금이라도 도움이 되지 않았을까 후회하고 있었다.

이 책에서 한혜경 박사는 "대한민국의 젊은 가장들에게 말하고 싶다. 가족에게 책임감을 가지는 것은 좋은 일이다. 하지만 과도한 책임감은 좋지 않다. 과도한 책임감은 자신의 인생을 통째로 던지고도 가족을 실망시켰다는 죄책감을 갖게 하는 그런 것이다. '미안해'라는 말을 남발하게 만들지만, '고맙다'라는 말은 돌아오지 않는 그런 관계를 만들기 십상이다. (…) 무엇보다 당신 자신을 중심에 두라. 내가 건강하고 행복해야 가족도 건강하고 행복할 수 있으니까"라고 말했다. 그리고 피차 비현실적인 기대를 갖지 않도록 "최선을 다할게."라고 말하라고 했다.

행복한 가족 관계를 유지하는 비결 중 하나는 함께할 수 있는 놀이를 만드는 것이다. 놀이라고 해서 어린아이들이 마냥 놀이터에서 노는 것을 이야기하는 것은 아니다. 함께할 수 있는 모든 행위가 바로 놀이다. 예를 들면 가까운 곳에 함께 다녀오기, 함께 쇼핑하기, 맛있는 음식점 함께 가기, 함께 사진 찍기 등 사소한 것들을 함께하는 것이다. 사소한 일들이 쌓이면서 가족관계는 더 친밀하고 돈독해진다. 함께 추억을 쌓는 일은 가족관계를 더욱 탄탄하게 하는 역할을 한다.

그리고 서로가 함께 하고 싶은 놀이를 리스트로 정해 놓고 시간이 날 때마다 같이 하는 것이다. 함께 같은 시간을 공유하는 것, 나중에 그 일을 추억하며 이야기할 수 있는 것 이런 사소하지만 중요한 시간들이 가족에게 필요하다. 함께하다가 신경전이 벌어질 수도 있고 화가 날 수도 있지만 그것들조차 나중에는 추억이 된다. 우리 네 식구도 쇼핑을 하다 보면 아이들이 사 달라고 하는 것을 사 주지 못할 때가 있어 티격태격하기도 한다. 그 시간조차 우리의 추억이 되고 행복이 되어 가족의 관계를 단단하게 만든다고 믿는다.

더불어 공통된 취미생활을 함께하면 금상첨화다. 같이 배드민턴을 배운다거나 기타를 배울 수도 있다. 우리 가족은 같은 아파트 단지에 사는 친구 가족들과 배드민턴을 함께 배우기로 했다. 배드민턴을 배우면서 사춘기의 문턱에 와 있는 아들이 아버지와의 레슨으로 조금이나마 서로를 이해했으면 하는 바람이다.

우리 가족이 한 가지 더 꿈꾸는 것은 바로 작가 가족이 되는 것이다. 어떤 일을 하든 상관은 없다. 다른 꿈 혹은 다른 직업을 가진다 해도 그에 맞는 책을 쓰면 된다. 나와 남편은 현재 개인 저서를 준비 중이다. 각자 나름의 영역에서 자신의 경험과 지혜를 책으로 만들면 된다. 책을 쓰는 부모님을 보면서 아들이 어느 날 나에게 말했다. "엄마, 나도 책으로 쓰고 싶은 주제가 생각났어요. 엄마 마음엔 안 들지도 몰라요." 책을 쓰는 것에 생각이 없는 줄만 알았는데 이런 말을 들으니 기뻤다.

무엇인가를 같이 한다는 즐거움은 행복으로 번진다. 우리는 가족이니까. 서로 잘한 일이 있다면 온 마음으로 기뻐하며 축하하자. 다른 사람들에게 인정받는 것도 훌륭한 일이지만 가족들에게 인정받는 것은 기본 중에 기본이다. 조금 잘 못해도 '괜찮다' 위로해 주자. 우리는 사랑하는 가족이니까.

가족관계의 기술을 배워라. 서로 '사랑한다'라고 늘 이야기하자. 네가 있어 기쁘고 행복하다는 말도 잊지 말자. 우리는 사랑해서 만들어진 가족이다. 시간과 노력 없이는 아무것도 이루어지지 않음을 명심하자. 삶에 치여 시간을 잃어버렸다고 해도 만회할 시간은 많다. 활기차고 행복한 인생 2막을 위해 차근차근 하나씩 해 나가면 된다.

10

나만의 건강 관리 계획을 세워라

몸을 건강히 유지하는 것은
나무와 구름을 비롯한 우주의 모든 것에 대한 감사의 표시다.
- 틱낫한

MBN 프로그램 〈나는 자연인이다〉에는 종종 도시 생활에 찌들고 피폐해진 몸을 이끌고 산속으로 들어가 건강을 되찾았다는 사람들의 이야기가 나온다. 그러나 모든 도시의 삶을 버리고 혼자 깊은 산중에서 의식주를 해결하며 건강을 찾고 활기차게 새로운 삶을 살고 있는 이야기는 마치 먼 나라 이야기 같다. 과연 나라면 저렇게 할 수 있었을까? 두 달 뒤에 내 삶이 끝난다는 시한부 판정을 받는다면 어떨까? 저들처럼 나도 그럴 수 있을까?

50대 초반의 아버지에게 어느 날 뇌졸중이 찾아왔다. 담배는 피지 않으셨지만 술은 한번 시작하면 끝을 보는 성격이었다. 작은 공장을 운영했던 때라 여러 가지 스트레스가 많고 건강 관리를 제대로 하지 않았던 것이 화근이었다. 새벽에 쓰러진 아버지를 보고 놀란 엄마가 우리를 깨웠고 내가 119에 신고를 했다. 너무 다급한 나머지 아버지의 친구분께도 전화를 걸어 도움을 청했다.

119보다 먼저 도착한 아저씨께서 차로 우리 가족을 가까운 병원으로 데려다주셨다. 응급실에서 200mmHg가 넘는 아버지의 혈압을 떨어뜨리기 위해 약물을 투여했다. 다행히 혈압이 떨어지긴 했지만 머리 뒤쪽으로 피가 조금 고였다. 병원에서는 수술을 권유했지만 엄마는 차마 수술을 결정할 수가 없었다고 했다. 먼저 수술한 환자들이 깨어나지 않는 모습을 옆에서 보았기 때문이었다. 가게 문을 닫고 아버지를 간병하기 시작한 엄마는 계속 병원에 불려가 수술을 왜 시키지 않느냐며 한소리를 듣기도 했다. 다행히 약물 치료만으로 고여 있던 피가 제거되기 시작했고 아버지의 의식도 서서히 돌아왔다. 그렇게 한 달이 되기도 전에 아버지는 퇴원을 할 수 있었다.

아버지는 왼쪽 팔과 다리에 마비 증상이 남은 채로 집에 계셨다. 집에서 간병을 시작한 엄마는 장사를 마치고 아침저녁으로 녹즙을 짜서 아버지께 먹이셨고 입맛을 돋우기 위한 영양식도 준비하셨다. 아버지는 바로 사업을 접었고 오로지 건강 관리에만 전념하셨다. 마비증상은 남았지만 아버지는 용기를 내어 조금씩 걷기 시작하셨고 작은 뒷산도 조금씩 올랐다. 지금 아버지는 조금씩이라도 산을 따라 걷기 시작한 것이 건강을 되찾은 비결이라고 말씀하신다. 그래서 우리에게도 늘 등산이 최고의 운동이라고 했다.

우리가 먹는 패스트푸드, 인스턴트 음식, 유전자변형 식품 등의 위협에서 우리는 안전하지 못하다. 먹는 것만 잘 가려 먹어도 건강을 지킬 수 있다. 당신은 건강한 몸을 위해 어떤 것을 먹는가? 그리고 일주일에 세 번 이상 땀나도록 운동하는 사람인가?

첫아들을 낳고는 맞벌이를 하느라 따로 건강 관리를 할 수 없었다. 굳이 신경을 쓰지 않았다고 하는 것이 맞겠다. 그러나 7년 후 둘째를 다시 출산하고는 40대가 된 몸으로 건강 관리를 등한시했더니 그만 병이 생기고 말았다. 소화가 되지 않기 시작했고 어지럼증이 심하게 나타났다. 그 순간 뒤통수를 맞은 기분이 들었고 내가 너무 몸을 움직이지 않았다는 생각이 들었다. 병원을 가기보다 먼저 주위의 공원을 걷기 시작했다. 출산 전에는 걷기 운동으로 태교를 했다. 걷기는 특별한 도구 없이도 운동화와 간편한 복장으로 간단하게 할 수 있다. 오전에 아이를 학교에 보낸 뒤 무조건 1~2시간씩 밖으로 나가서 걸었다. 땀이 나면서 무척 상쾌했다.

내가 그동안의 경험으로 깨달은 바는 기본이 정말 중요하다는 것이다. 우리 몸의 70%는 물로 이루어져 있다. 그런데 나 같은 경우는 물을 잘 마시지 않는 경향이 있었다. 몸에 수분이 부족하면 여러 가지 잔병들이 발생한다. 변비, 소화불량 등이다. 인터넷을 검색하면 의외로 물의 효능이 많음을 알 수 있다. 우리 몸에 물이 부족하면 소화 기능이 떨어진다. 30대에 어느 날 갑자기 급체해 병원에 입원까지 한 적이 있었다. 그때는 원인 모를 급체였지만 지금 생각해 보면 물을 멀리한 결과였던 것 같다. 자주 체하는 사람들은 본인이 물을 잘 마시는지 생각해 보기를 바란다.

많은 사람들이 물을 자주 마시지 않는다. 바쁜 일에 치여서 물 한 컵 마실 여유가 없는 사람도 많다. 지인 중에도 자주 체하는 사람이 있는데, 물을 자주 마시냐고 물어보면 그렇지 않다고 한다. 젊고 날씬하지만 몸에 수분이 부족해 만성 소화불량에 시달리는 사람이었다. 당신도 물을 멀리하고 있지는 않은지 살펴보자. 건강을 위한 기본원칙 중 하나는 자고 일어나면 물 한 컵을 가득 채우고 마시는 것이다. 물을 하루에 2리터 이상 마신다면 잔병들이 사라지고 상쾌한 기분을 느끼게 될 것이다.

더불어 두 다리를 가지고 있는 인간은 걷기를 멈추면 안 된다. 앉아 있기보다 걷기를 많이 해야 한다. 걷지 않으면 건강한 몸을 가질 수가 없다. 모든 운동은 걷기부터 시작이다. 현대 사회는 걷기를 많이 제한한다. 기술의 발달로 편리해진 도시생활이 그것이다. 그러나 편리해진 만큼 신경성 장염, 소화불량, 허리나 목 디스크 등의 잔병들이 늘어났다.

걷기를 시작하면서 어지럼증도 사라지고 몸도 상쾌해졌다. 주로 주변의 공원과 전통시장 가기, 마트 장보기 등을 통해 걷기를 계속했다. 아침의 공원산책으로 건강을 챙기기도 했다. 공원은 신선한 공기 마시기와 자연의 풍경, 새소리 덕분에 몸과 마음을 더 건강하게 만들어 준다. 상쾌한 숲속의 아침 공기는 맡아 보지 않으면 알 수 없다. 특히 비가 온 다음 날의 상쾌함이란 느껴 보지 않았으면 말할 수 없을 정도다.

"걸으면 살고 누우면 죽는다."

"어떤 상황에서도 살아 있는 한 걸어야 한다."

"아파서 못 걷는 것이 아니라 걷지 않아서 아픈 것이다."

《병의 90%는 걷기만 해도 낫는다》를 쓴 나가오 가즈히로는 위와 같이 말했다.

이렇듯 사람이 생명을 유지하는 데 있어 정말 기본이 되는 것들만 잘 지켜도 건강의 90% 이상은 지킬 수 있다. 물 마시기와 걷기는 기본 중 기본이다.

나는 제3의 공간에서 건강함을 유지하기 위해 요가를 해 왔다. 주위에 보면 요가뿐만 아니라 다양한 스포츠 활동을 즐기는 사람들이 많다. 자신에게 맞는 체육 활동을 선택하면 된다. 나는 식탐이 있는 편이라 추가적인 스포츠 활동이 꼭 필요하다. 먹는 만큼 체중으로 늘어나기 때문이다. 운동을 하지 않고 내 몸을 편하게 두었더니 체중뿐만 아니라 어느 날 갑자기 질병도 찾아왔다.

이상은 나의 건강을 지키는 기본이자 필수 요소들이다. 당신은 어떠한가? 건강을 지키기 위한 당신만의 원칙이 있는가? 없다면 지금부터라도 나만의 건강 플랜을 준비하는 것은 어떨까? 30대라면 아직은 괜찮다고 생각할 수도 있다. 하지만 40대에 접어들기 시작하면 정말 건강과 몸을 생각해야만 한다. 우리는 살아온 시간만큼 앞으로 더 살아가야 한다. 남은 인생을 아픈 몸으로 병원을 전전하며 살기를 바라지는 않을 것이다. 건강한 내 몸을 만드는 것이야말로 활기차고 행복한 은퇴 준비의 첫 번째다.

PART

5

인생 2막, 평생 현역이 답이다

01

좋아하는 일을 할 때가 가장 행복하다

일하는 것은, 인간에게 있어서 먹고 자는 것보다 더 필요하다.

– 알렉산더 폰 훔볼트

도시에서 태어난 나는 삭막한 도심 빌딩들 사이를 자주 걸어 다녔다. 어린 시절 버스에서 내려 학원으로 걸어가던 중 갑자기 나의 두 다리가 너무 고맙게 느껴졌다. 걷지 못하는 사람을 본 것도 아닌데 뛰어다닐 수 있다는 행복감이 온몸으로 전해졌다. 그날의 기억이 지금도 생생한 것을 보면 신기할 따름이다.

2009년 4월 정보시스템 감리원증을 받고 나는 다양한 실무에 투입되었다. 감리업무는 보통 일주일 동안 진행된다. 사업계획서와 프로젝트 진행 상황 등을 검토하고 계획한 대로 프로젝트가 잘 진행되고 있는지 점검한다. 최종적으로 감리보고서를 작성하고 사업 주최 측과 프로젝트 실행팀 및 감리팀이 함께 보고하고 논의해 프로젝트 사업을 기간 내에 마칠 수 있도록 컨설팅까지 하는 것이다.

어느 날, 서울의 한 공공기관으로 정보시스템 감리 일을 나갔다. 수석감리원 이하 다섯 파트로 2명씩 한 조를 이뤄 시스템 계획서들과 관련 서류들을 검토했다. 11월에 감리업무를 맡았기에 날씨가 쌀쌀했다. 보통 감리를 나가면 일을 편안하게 할 수 있도록 모든 배려를 해 주기도 하지만 그 공공기관은 그렇지 않았다. 난방도 되지 않는 빈 사무실에 책상과 의자, 전기 주전자와 작은 난방기구 2개 정도뿐이었다. 팀원 중에 여성은 나 혼자였다. 감리 경험이 많은 전문가들을 돕기 위해 업무 외에도 전기 주전자에 물을 받아 오거나 커피를 준비하는 일은 감리원 수료 동기 한 명과 내 몫이었다. 그렇다고 규율이 엄격해서 부하 직원처럼 지시를 받은 것이 아니라 우리 스스로 선배님을 존경하는 마음에서 준비한 것이다. 한 팀이기 때문에 서로가 배려를 아끼지 않았다. 언제 어느 때고 감리원 동료는 감리 프로젝트로 다시 만날 수 있기도 했기 때문이다.

나와 한 조를 이룬 감리원은 정보통신 분야의 전문가로 나보다 연장자였다. 서류를 검토하고 설치된 시스템을 점검해 잘못된 점과 개선해야 할 사항들을 수집했다. 감리의 최종업무는 보고서와 컨설팅이다. 각 조별로 맡은 분야의 보고서를 작성하기 위해 조사한 자료와 근거자료 등을 모았다. 현장 사진도 찍고 조원들 간의 의견도 교환했다. 현장 실무자와의 면담도 필수다. 실무자에게 현장의 애로사항과 개발계획의 실제 구현 여부 등을 질문했다. 4일 동안 근처 숙박업소에서 밤새도록 보고서를 매만지니 보고서의 틀이 짜여졌고 내용이 채워졌다. 최종적으로 수석감리원이 취합해 수정하고 보완했다. 회의를 통해 문제점과 보완점을 점검하고 시스템 완료를 위한 다양한 방법을 제시했다.

감리원 동기는 나에게 "한 건 했네요."라며 웃음 지었다. 공무원 사회는 성과 위주의 집단이다. 나는 감리 중에 계획서와 다른 시스템이 설치된 것을 발견했고 이를 주최 측에 보고했다. 보고 중에 경직된 부서장의 얼굴에서 부드러운 웃음이 피어나는 것을 발견했다. 나중에 이야기를 들으니 그 일은 부서장의 성과로 평가된다고 했다.

내가 하는 일에 있어 최선을 다하고 누군가에게 인정받았다는 것은 참 행복한 일이다. 밤낮으로 보고서를 작성하는 일이 힘들고 지치기는 하지만 완료하고 나서 해냈다는 성취감과 다른 사람들의 인정이 나의 행복을 상승시켰다. 열심히 일에 몰두하는 사람은 누구든지 아름답고 행복해 보인다. 자신이 할 일이 있다는 것은 얼마나 고마운 일인지 당신도 이미 알고 있을 것이다.

아이를 출산한 뒤로는 문화생활을 즐기기가 힘들었다. 아이가 여섯 살이 된 어느 날 남편 회사가 후원하는 연주회의 초대권으로 공연을 보러 갔다. 두 아들과 함께 간 공연이라 둘째가 도중에 나가고 싶다고 할까 봐 약간 걱정이 되었다. 연주회는 시작되었고 오랜만에 클래식 연주회를 본다는 생각에 가슴이 두근거렸다. 연주회가 저녁 시간이었기에 작은아이는 도중에 잠이 들었다. 둘째를 안고 연주회를 감상해 몸은 조금 힘들었지만 마음은 다양한 악기에서 품어져 나오는 천상의 소리들로 진정 행복했다.

영국의 유명한 잡지사에서 '가장 행복한 사람은 누구일까'를 조사했더니 1위는 바닷가 모래사장에서 멋진 모래성을 완성한 아이, 2위는 아기를 목욕시킨 후에 아기의 맑은 눈동자를 바라보는 어머니, 3위는 공예품을 완성하고 손을 터는 예술가라는 결과가 나왔다.

행복은 반드시 성공해야 이룰 수 있는 것이 아니다. 일상생활에서 행복한 마음을 느끼면 된다. 우리는 누구나 행복하다. 다만 삶에 치여서 여유롭게 생각할 수가 없는 것뿐이다. 나처럼 작은 일에서도 행복함을 찾아보자. 두 다리로 걸을 수 있어서 고맙다고 스스로 칭찬해 보자.

일본의 오사카 고등법원의 형사부 총괄 판사였던 오카모도 겐. 그는 1987년에 36년 동안이나 재직했던 판사직에서 퇴임했다. 오카모도 겐은 큰 사건들을 맡아 처리해 오던 유명한 판사였다. 그런 그가 정년퇴임까지 5년이 더 남았는데도 일을 그만두자 사람들은 모두 그가 변호사 개업을 할 거라고 생각했다. 그러나 그는 엉뚱한 곳을 찾아갔다. 바로 집 근처에 있는 요리학원이었다. 그는 요리사 자격증을 따서 음식점을 내겠다는 각오로 예순이 다 된 나이에도 하루도 빼먹지 않고 요리학원에 나갔다. 그는 손자뻘 되는 젊은이들과 함께 칼 쓰는 법과 양념을 만드는 법, 야채를 써는 방법부터 배우기 시작했다. 그리고 마침내 일 년 만에 요리사 자격증을 땄다. 그는 곧 자신이 일하던 법원 앞에 두 평 남짓한 간이음식점을 차렸다. 유명한 판사였던 그를 알아보는 손님들이 많았다. 사람들은 모두 그가 판사직을 그만두고 음식점을 낸 것을 궁금해 하거나 이상하게 생각했다. 그럴 때마다 그는 이렇게 말했다.

"재판관이 되어 사람들에게 유죄를 선언할 때마다 가슴이 아팠다. 나는 그 일을 365일이나 해 왔던 것이다. 재판관은 사람들에게 기쁨을 줄 수는 없다. 그래서 나는 식당 주방장이 되더라도 남에게 기쁨을 줄 수 있다면 행복할 것 같았다."

그는 남의 죄를 정하고 그들에게 벌을 주는 일이 싫어서 여생은 사람들을 기쁘게 하며 살고 싶다고 했다. 그리고 지금 자신이 하고 있는 일로 인해 무척 행복해하고 있다. 그의 작은 음식점 이름은 '친구'다. 그 이름 속에는 그의 음식점을 찾는 사람들뿐만 아니라, 모든 사람들과 친구처럼 지내고 싶은 그의 오랜 소원이 담겨 있었다.

만약 한국에서 과연 오카모도 겐처럼 36년이나 판사직을 한 사람이 다른 사람들을 기쁘게 해 주고 싶어서 주방장이 되었다면 대단하다고 말할 수 있을까? 다른 나라 사람이기에 가능한 것일까? 판사직을 그만두는 것도 미친 행동이라고 생각할 수 있을 것이다. 하물며 식당 주방장으로 남을 기쁘게 해서 행복하다고 생각하는 전직 판사에게는 훌륭하다는 말보다 야유에 가까운 행동을 할지도 모른다. "평안 감사도 저 싫으면 그만이다."라는 속담도 있지 않던가. 부와 명예를 가졌어도 자신이 행복함을 느끼지 못하면 그 자리는 내 것이 아닌 것이다.

내가 생각하는 행복은 2가지다. 첫째는 스스로 행복함을 느끼는 것이다. 나를 통해서 나의 행복을 찾는 것이다. 건강한 신체와 생각을 가지게 된 나에게 고마워하고 행복해하는 것을 말한다. 둘째는 남에게 기쁨을 주고 그 기쁨이 다시 내게로 와 나의 행복이 되는 것이다. 남을 도와주고 고마움의 말을 듣고 행복감에 빠지는 것이다. 오카모도 겐은 후자의 행복을 찾은 것이다.

자, 이제 당신은 행복을 느낄 수 있는 2가지 방법을 알게 되었다. 어떤 방법이 더 크게 당신에게 와 닿는가? 당신이 무엇을 선택하느냐에 따라 당신은 행복한 사람이 될 수도 있고 그렇지 않을 수도 있다. 선택은 당신의 몫이다. 활기차고 행복한 인생 2막은 좋아하는 일로 충만한 행복함을 찾는 것에서부터 시작하면 된다. 좋아하는 일을 할 때가 가장 행복한 법이다.

02

잘나갈 때 미리 은퇴를 준비하라

청춘은 다시 돌아오지 않고 하루에 새벽은 한 번뿐이다.
좋은 때에 부지런히 힘쓸지니 세월은 사람을 기다리지 않는다.

- 도연명

한창나이란 어느 때를 말하는 것일까? 사람은 자신이 한창일 때는 정작 그 사실을 인식하기 어렵다. 한창인 시기를 지나 봐야 '아! 그때가 한창이었던 때였구나!'라고 느끼기 때문이다. 자신이 한창일 때는 그것을 생각할 겨를도 없이 시간은 쏜살같이 지나가 버린다. 무척 바쁘고 나 자신을 뒤돌아보기보다는 앞에 닥친 일을 처리하느라 분주하다면 바로 지금이 한창인 때다.

"앞에 벌어진 일들을 처리하느라 시간이 빠듯한데 미리 은퇴 공부를 하라고?" 이렇게 반문할 수도 있다. 그러나 당신은 지금 준비를 해야 한다. 지금만큼 은퇴 공부를 시작하기에 좋은 때도 없다. 누구에게나 주어진 시간은 똑같다. 똑같은 시간 안에서 나의 미래를 위한 공부야말로 밭을 갈고 씨앗을 뿌리는 행위임에 틀림없다. 인생 2막을 위한 밭을 갈고 작은 씨앗을 뿌리는 것은 향후 나의 미래를 결정짓는 일이기도 하다.

청주 KB국민은행 스타즈의 전 한국 여자 농구 선수였던 변연하는 지난해 10월 30일 청주체육관에서 은퇴식을 치렀다. 지금은 미국 캘리포니아 스탠퍼드 대학교 여자 농구팀 지도자 연수를 받고 있다. 그녀는 스포츠 기자와의 인터뷰에서 빠른 은퇴의 이유에 대한 물음에 이렇게 답했다.

"은퇴 시기에 대해 2~3년 전부터 고민은 했었어요. 서른 살 넘어서부터 해마다 체력이 떨어지는 걸 느꼈거든요. 실력도 만족할 만한 수준이 아니었고요. 박수 받을 때 떠나자고 생각했죠. 그래도 지난 시즌은 어떻게 해서라도 우승하고 떠나고 싶었는데 그게 잘 안되더라고요."

인생 2막의 목표를 최초의 여자 대표팀 감독이라 말하는 그녀는 기자의 놀란 표정에 설명을 덧붙였다.

"왜요? 너무 꿈이 큰가요? 프로팀 감독은 이미 선배들이 경험했지만 전 최초의 여자 대표팀 감독이 되고 싶어요. 선수 시절 때는 은퇴 후 지도자에 대해선 꿈도 꾸지 않았어요. 그러다 고참 선수가 돼 후배들을 이끌고 가르치면서 코칭의 즐거움, 보람이 생기더라고요. 이래서 모두 코치, 감독을 하고 싶어 하나 보다 싶었어요. 구단에서 연수를 지원해 주지 않았다고 해도 자비로 해외 연수를 떠났을 것 같아요. 학교 다닐 때는 배우는 게 너무 싫었는데 지금은 배우는 시간이 제일 행복해요. 결혼은 나중에라도 할 수 있지만 배움은 지금 아니면 안 되잖아요. 새로운 목표를 세웠고, 지금 좋은 출발을 시작했어요. 연수 잘 마치고 돌아올게요. 그 다음 제가 어떤 모습을 보일지 지켜봐 주세요."

구단주와의 계약기간도 일 년이 더 남았지만 그녀는 억대의 연봉을 포기하고 은퇴를 결정했다. 은퇴를 결정한 데는 그녀 나름의 여러 가지 이유가 있었겠지만 제2의 인생을 설계하고 목표를 세웠기에 과감히 결단을 내리지 않았을까 생각한다. 그녀가 누구보다 열심히 농구 선수생활을 해 왔다고 말할 수 있는 이유가 있다. WKBL(Women's Korean Basketball League) 통산 545경기에 출전, 베스트5 10회, 정규리그 MVP 3회 수상, 통산 3점슛 역대 1위(1,014개), 어시스트 역대 3위(2,262개)의 기록을 가지고 있는 그녀다. 이외에도 경기 전적은 화려했다.

내가 그녀에게 주목하는 이유는 아직은 왕성히 활동을 더 할 수 있는 시기임에도 과감히 결단을 내린 것과 인생 2막의 목표를 위해 공부를 하기로 한 것 때문이다. 최근에 인기 있는 운동선수들이 은퇴 후에 방송계로 들어가 인생 2막을 방송인으로 보내는 경우가 많다. 물론 그들의 선택이 잘못된 것은 아니다. 그러나 수많은 시간을 운동선수로서 갈고닦은 경험과 지식이 사장되어 버리는 것이 안타깝다. 변연하는 선수일 때 코칭받은 경험을 바탕으로 자신도 후배들을 코칭하기 위한 공부를 시작했다. 농구 선수로서 걸어온 길과 코칭받은 경험을 바탕으로 제대로 지식을 쌓으니 이보다 더 좋을 순 없다.

100세 시대를 살고 있는 우리는 살아온 날보다 아직 살아갈 날이 더 많을지도 모른다. 지금보다 더 풍요롭게 살기 위한 날을 위해 미리 공부를 해야 할 때가 아닐까? 《40대, 다시 한 번 공부에 미쳐라》의 김병완 작가는 "인생은 길어졌고, 직장은 짧아졌다. 이것이 40대 공부가 반드시 필요한 이유 중에 한 가지다. 40대 이후의 삶을 인생의 후반부로 생각하기보다는 또 다른 하나의 인생이라고 생각해야 할 것이다. 우리에게 중요한 인생 과제는 길어진 인생을 제대로 인간답게 영위해 나가야 한다는 것이다. 인생의 전반기인 40대 이전의 삶이 아무리 큰 실패를 하고, 아무리 큰 좌절과 절망을 했다 해도, 인생의 후반기인 40대 이후를 멋지게 성공적으로 살게 되면, 그 인생은 성공한 인생이라고 할 수 있다."라고 말했다.

지금의 당신이 30대건 40대건 혹은 50~60대건 상관이 없다. 사람은 누구나 각자의 때를 가지고 있기 때문이다. 남과 비교해서 빠르고 늦음을 판단할 필요가 없다는 말이다. 바로 지금이 당신이 한창인 때다. 안된다고 미리 포기하지 말자. 미리 체념한다고 내 삶이 절대 10원의 가치만큼도 나아지는 것은 아니지 않은가. "사랑은 나이도 국경도 초월한다."라는 말이 있듯이 "열정은 나이도 건강도 추월할 수 있다."라고 말하고 싶다. 빨리 간다고 좋은 것도 아니고, 느리다고 나쁜 것도 아니다. 나만의 열정과 스타일의 불꽃이 꺼지지 않도록 잘 유지하는 것이 정말 중요하다.

나는 어릴 때부터 시력이 좋지 않아 안경을 쓰고 살았다. 직장을 다니면서 콘택트 렌즈를 착용하기 시작했다. 5년 정도 렌즈를 끼고 살았더니 눈 속에 실핏줄이 자라서 렌즈를 더 이상 하고 있을 수가 없었다. 그 무렵 엄마와 목욕탕을 함께 갈 때 안경을 끼고 탕 안에 들어갔더니 앞이 뿌옇게 흐려졌다. 그런 딸의 모습을 보던 엄마는 나의 모습이 매우 안타까우셨는지 라식 수술을 권유했다. 당시 라식 수술이 초창기였던 때라 매우 고가였다. 만류하는 아버지와 가정 형편은 더 생각지도 않고 나는 렌즈와 안경 없이 살 수 있다는 기쁜 마음에 바로 수술을 했다. 다행히 수술은 잘되었고 그날 저녁부터는 심 봉사가 청이의 공양미 삼백 석에 눈을 뜬 것처럼 온 세상이 아름답고 밝게 보였다. 매일 아침저녁으로 렌즈를 씻어야 했던 과정을 버리니 정말 다른 세상에 사는 것 같이 편했다.

이때부터다. 남들보다 늦은 나이였지만 라식수술을 하고선 대학원 공부를 다시 시작했다. 다시 만난 아름다운 세상에서 하고 싶은 공부를 다시 시작한 것이다. 물론 공부를 썩 잘한 편은 아니었지만 직장을 다니다가 다시 시작한 공부였다. 캠퍼스에서 앳된

신입생을 보는 것도 즐거웠고 같이 수업을 듣는 나이 많은 선생님들을 뵙는 것도 즐거웠다. 어쩌면 나의 20대에서 한창인 나이는 그때가 아니었나 생각한다.

당신도 10~30대의 한창이었던 때를 생각해 보라. 지금도 한창인 때가 아니라고 그 누가 말할 수 있단 말인가. 아무도 판단할 수 없다. 바로 지금이다. 아직 한창일 때 미리 은퇴 공부를 하라. 10~20대처럼 열정을 가질 수 없다고 누가 장담할 수 있단 말인가. 열정을 끌어올려 호기를 부려라. 농구 선수 생활로 자신의 기록을 매번 갱신하며 한창인 때를 계속 누렸던 변연하처럼 지금도 자신의 한창인 때를 만들어 가고 있다. 삼성에서 10년 이상 연구원으로 재직하고 다시 작가의 길에서 한창인 때를 만들어 가고 있는 김병완 작가처럼 당신도 시작하라. 당신이 하고 싶고 잘할 수 있는 일을 찾아 지금 당장 시작하자. 내 삶이 그로 인해 열정이 생기고 그 열정으로 내가 살아 있음을 느낀다면 그것만으로도 충분하다. 시작이 반이다. 반은 이루었으니 이제 남은 성공은 시간과 경험이 해결해 줄 것이다.

03

불안할수록 치열하게 자기계발하라

미래를 신뢰하지 마라. 죽은 과거는 묻어 버려라,
그리고 살아 있는 현재에 행동하라.

– 헨리 롱펠로

최근 〈중앙일보〉에 치킨집 김 사장에 관한 기사가 나왔다. 그는 외국계 대기업에서 연봉 7,000만 원을 받던 직장인이었다. 치킨집을 열기 전, 호프집 장사를 했지만 여름에만 장사가 될 뿐이어서 정리를 하자 빚이 5,000만 원 남았다. 빚도 갚을 겸 시작한 것이 바로 치킨집이었다. 친구들이 가게를 찾아와 '사장님'이라 부르며 부러워했지만 그는 친구들에게 단호하게 말했다.

"속 빈 강정이야. 무조건 회사에 붙어 있어!"

프랜차이즈 치킨집은 동네 치킨집보다 나을 줄 알았다던 김 사장은 매장 수가 늘고 본사 매출이 늘어났다는 소식을 들을 때마다 화가 치밀어 오른다고 했다. 아내와 함께 새벽 2시까지 일하지만 생활비조차 건지지 못하는 달도 있었다. 프랜차이즈 본사에

내는 물품비가 한 달에 약 1,000만 원이기 때문이다. 10년만 고생하면 잘될 것이라는 희망은 이젠 사라졌다. 엎친 데 덮친 격으로 조류독감까지 발생해 매출이 뚝 떨어지고 몸에 병까지 얻었다. 그는 요즘 이력서를 작성 중이다. 낮 시간대라도 일할 수 있는 곳을 찾기 위해서다. 최승재 소상공인연합회 회장은 매출은 줄어드는데 대출 금리가 오르다 보니 소상공인들은 한계 상황에 봉착했고 결국 폐업하는 자영업자들이 극빈층으로 추락하는 게 현실이라고 지적했다.

'폐업하는 자영업자'와 '극빈층으로 추락'이라는 머릿속에 맴돌았다. 어린 자녀들도 있는데 어쩌나 하는 생각에 마음이 편치 않았다. 나도 형편이 썩 좋은 것은 아니다. 혼자 네 식구를 부양하고 있는 남편도 생각났다. 지금은 퇴직 나이가 따로 없다. 경기가 좋지 않은 탓에 대부분의 기업들은 상시 퇴직 신청을 받고 있기 때문이다. 당분간은 경기가 좋지 않을 예정이라는 뉴스도 마음을 힘들게 한다.

40대 중반인 우리 부부도 늘 은퇴 후를 생각한다. '직장을 그만두게 되면 뭘 하고 살까?' 사실 딱히 생각나는 것이 없었다. 막연히 다가올 미래가 불안할 뿐이었다. 그래도 살아 계신 부모님께서 재산을 모아 둔 친구들을 볼 때면 부럽기도 했다. 그래도 '차라리 다행이다'라는 생각도 들었다. 부모님께서 경제적으로 아무런 도움을 줄 수 없다는 것은 우리 스스로가 알아서 준비해야 하는 것이기 때문이다. 우리 부부는 미리 준비를 시작하자고 함께 다짐했다. 우리의 활기차고 행복한 미래를 위한 준비를 말이다. 다행히 서로 의견을 맞추어 함께 작가의 길을 시작으로 강연가, 컨설턴트, 1인 기업가의 꿈을 위해 부단히 노력 중이다.

2,000세대 이상이 사는 우리 아파트 단지에도 요즘 커피전문점이 많이 들어섰다. 프랜차이즈도 있고 개인이 혼자 운영하는 곳도 있다. 저렴하고 커피 맛이 좋아 개인이 운영하는 카페를 가끔 들를 때가 있다. 그러나 휑한 가게 안을 볼 때면 젊은 사장이 안쓰럽기까지 하다. 어느 날은 커피를 기다리다 호기심이 생겨 가게 운영에 관해 물었다.

"여기는 몇 평이에요?"

"15평 정도 됩니다."

"인테리어 비용은요?"

"약 1억 원 정도 들었습니다."

순간 머릿속이 복잡해졌다. '아니, 이렇게 손님이 없는데, 유지가 되나?' 주변에 가겟세가 보증금 3,000만 원에 월 250만 원이라던 이야기가 생각났다.

경제가 어려운 상황에선 누구도 미래를 장담할 수 없다. 아버지께서도 사업을 하셨던 분이라 가끔 우리에게 이렇게 말씀하시곤 하셨다.

"한국인은 사업을 하면 자신은 100원이 있는데 남의 돈을 빌려 200원의 사업을 시작한다. 일본인은 다르다. 그들은 100원이 있으면 20원의 사업을 한다."

사업은 어렵다. 사업을 하다 보면 잘될 수도 있고 잘 안 될 수도 있다. 사업을 하는 사람은 여윳돈을 지니고 있어야 한다. 그러나 100원뿐인 사람이 빚을 내서 200원의 사업을 하다가 접게 되면 다시 일어서기가 힘들다.

지금 당장 현직에서 준비를 시작하자. 무엇부터 시작하면 좋을까? 간단하게 마음이 가는 일부터 시작하자. 커피 한잔이 하고 싶다면 그것부터 시작하는 것이다. 커피 한잔으로 세상을 다 가진 것처럼 여유롭게 커피향을 음미하면서 마셔 보자. 커피 향으로 또는 맛으로 나의 여유로움과 행복감을 극대화시켜라. 자신을 최고의 갑부라 상상하며 최고의 호텔에서 최고급 잔에 하인들의 시중을 받으며 마신다고 생각하라. 제일 중요한 한 가지가 더 있다. 풍요로움과 여유를 가진 행복한 나를 만나게 해 준 신께 고마운 마음을 가지자. 참 쉽지 않은가.

시작이 반이다. 이제 시작했으니 전진하는 일밖에 없다. 《배움을 돈으로 바꾸는 기술》의 이노우에 히로유키는 다음과 같이 말했다.

"'배움'은 지금 자신이 하는 일, 구체적으로 말하자면 지금 맡은 업무나 관련 영역의 공부부터 시작하는 것이 가장 타당합니다. 지금 하고 있는 업무는 어느 정도 숙지하고 있기에 무엇을 배우면 좋을지 윤곽을 잡기 쉬울 것입니다."

치과를 개업한 후 경영이 어려워 각종 경영 세미나도 참여하고 미국 대학에서 경영학 박사학위도 받은 그는 "그러던 30대 중반 어느 날, 마치 운명에 이끌리기나 한 것처럼 한 권의 책과 조우했습니다. 그때까지 서점에 가더라도 자기계발 서적 코너에는 발길조차 돌리지 않던 사람이었는데, 어느 날 눈에 보이지 않는 커다란 힘에 이끌리듯 자기계발 분야의 책을 한 권, 손에 집어 들게 된 것이지요. 지금도 어째서 그날 그곳으로 발길이 향했는지 알 수 없습니다. 그렇게 해서 읽은 책이 바로 나폴레온 힐의 《놓치고 싶지 않은 나의 꿈 나의 인생》입니다. 아마도 제 평생 잊지 못할 것입니다. 그 한 편의 독서로 인해 그때까지 제가 해 온 공부와는 완전히 다른 차원이 배움의 길에 들어서게 되었으니까요. 그날부터 진정한 인생의 공부가 시작된 것입니다."라고 말했다.

이노우에 히로유키처럼 나 또한 둘째를 유치원에 보내면서 생긴 시간으로 건강 관리도 하고 필요한 공부를 하기 시작했다. 온라인 강의도 좋지만 오프라인 강의를 찾아서 가보라 권유하고 싶다. 공부도 하고 같은 생각을 가진 사람들을 함께 만날 수 있기 때문이다. 그들과 생각을 공유하고 친분을 쌓기 바란다. 그냥 휩쓸려 다니라는 것이 아니다. 모든 것은 자신이 하기에 달렸지만 경험을 하고 스토리를 쌓으라는 말이다. 자신의 스토리를 글로 풀어낼 수 있을 만큼의 경험이면 족하다.

현직에 있을 때 치열하게 미래를 준비하자. 거창하게 박사학위 과정을 밟는 것도 좋지만 TV를 보거나 스마트폰 게임하는 시간을 조금 줄여서 관련 서적을 보거나 공부하는 시간을 만들자. 전과 다른 조금의 시간은 당신의 인생 2막을 활기차고 행복하게 보낼 수 있도록 도와줄 것이 분명하다. 이 책을 읽고 있는 당신도 분명히 달라질 것이다. 경제 위기는 누구에게나 똑같다. 그렇지만 위기 상황에서 움츠리고만 있다면 나아갈 수 없다. 현직에서 준비할 수 있음을 고맙게 생각하며 여기서부터 나의 인생 2막이 엄청나게 달라질 수 있었다고 당당하게 말하자. 당신과 나의 만남은 우연이가 아니라 필연이다. 나의 좋은 에너지와 당신의 강력한 에너지가 서로 만났기 때문에 그 시너지 효과는 상상을 초월할 것이다.

04

진정한 꿈은 역경도 이기는 법이다

그저 경기에 임해라. 즐거움을 느끼고, 경기를 즐겨라.

- 마이클 조던

"당신은 하고 싶은 일을 하면서 살고 있는가?"

대부분의 사람들은 하고 싶은 일보단 어쩔 수 없이 하고 있는 일이 더 많을 것이다. 현재 생계를 꾸려나가기 위한 방편으로 직장을 다니고, 이른 아침에는 잠과의 사투를 벌이다 밥은 먹는 둥 마는 둥 하고 사람들이 빼곡한 버스나 지하철을 타고 출근길에 오른다. 겨우 도착한 직장에서는 밀린 업무를 처리하느라 차 한잔 마시기도 눈치 보일 때가 있다. 회의 중엔 상사의 불호령에 자존심이 구겨지기도 하지만 딱히 그만둘 수 있는 처지도 아니다. 거래처에서는 나에게 연신 하소연을 하며 문제 해결 방법이 없겠냐고 문의한다. 그렇지만 나로서도 뾰족한 대안은 없다.

어느 날 초등학생인 아들이 나에게 말했다. "엄마. 게임만 하고 싶어요." 엄마인 나에게는 청천벽력 같은 소리였다. '뭐! 하라는 공부는 안 하고 게임만 한다고?' 순간 뒤통수를 한 대 크게 맞은 듯했다.

"아들아. 사람은 하고 싶은 일만 하면서는 살 수 없단다."

"왜요?"

왜냐고 묻는 아들의 말에 나는 순간 말문이 막혔지만 이렇게 대답했다.

"게임을 하면 눈도 나빠지고 더 많이 하면 건강도 안 좋아지니까. 친구와 밖에서 자전거도 타고 뛰어다니기도 하면서 노는 것이 더 낫지 않니? 그리고 학창 시절에 게임보단 공부를 더 열심히 해야 좋은 친구들과 사귀고 좋은 상급학교로 진학도 하고 좋은 직장을 가질 수 있지 않을까?"

그러나 대답을 하면서 '왜?'라는 의문이 계속 내 머릿속을 맴돌았다.

〈임마이티 컴퍼니〉의 임원화 대표는 대학에서 간호학과를 졸업하고 간호사로 근무를 했다. 공동 저자로 참여한 저서 《또라이들의 전성시대》에서 그녀는 "아무리 부정하고 싶어도 나는 조직 문화에 맞지 않는 사람이었다. 감성적이고 계획적이며 사람들과 소통하기 좋아했던 나는 응급 상황이 많은 중환자실의 근무와 환경이 정말 힘들었다. 동료들에 비해 일이 월등히 느렸다. 엉뚱하게 생각하고 행동해서 본의 아니게 오해를 사기도 했다. 어릴 때부터 자기주장이 확실했고 고집이 있었다. 자기애가 강하고 자존심이 셌던 나는 사회생활에서 미덕으로 요구되는 점과는 거리가 멀었다. '여자 군대'라 불리는 간호사 세계의 엄격하고 갇힌 분위기가 답답했다. 인간관계도 하나부터 열까지 참 힘들었는데, 불합리한 일에 혼자 분노하며 고생을 사서 하기도 하고, 쓸데없이 의리까지 있어 피곤한 일도 많았다. 나는 선배 간호사들에게 눈엣가시인 '미운 오리 새끼'였고, 많은 사람들에게 인정받지 못하는 '비주류'이자 외롭고 고독한 '아웃사이더'였다."라고 말했다.

간호학을 전공하고 간호사로 사회에 첫발을 내디뎠지만 그녀는 조직사회라는 틀에 적응하지 못했다. 조직사회의 한 구성원으로서 임무와 역할을 수행하기 위한 일은 배웠지만 자신이 가지고 있던 개성과 끼를 묻을 수는 없었다. 그녀는 돌파구를 찾아야만 했다. 개성과 끼를 맘껏 부리면서 좋아하고 잘할 수 있는 일을 찾으려 했다. 그러나 가족들과 주위의 시선은 그녀를 가만히 내버려두지 않았다. 그녀가 하고 싶은 일을 하면 할수록 비난이 거세어졌다. 주위의 비난은 힘들었지만 자신이 하고 싶어 하는 일을 찾는 일은 즐거움과 행복함의 연속이었다.

《안철수의 서재》라는 책을 보면 안철수 국민의당 대표가 겪은 일화가 나온다.

"부산에서 고등학교를 마친 안철수는 서울대학교 의과대학에 합격해서 서울로 올라왔다. 그런데 의대생이 된 안철수에게는 큰 고민거리가 생겼다. 피를 무서워했던 것이다. 그러다 보니 의사노릇을 할 자신이 생기지 않았다. 의사가 환자를 돌보는 데 자신이 없다는 것은 의사의 자격이 없는 것과 마찬가지인 셈이었다. (…) 본인이 피를 무서워하는데 누가 도와줄 수 있겠는가? 그는 수술실에 들어가 피를 흘리며 수술을 받는 사람들을 보아야 했고, 생리학 실험을 하면서 수많은 토끼를 죽여야 했다. 동물을 사랑했던 그로서는 정말이지 고역이었다."

아버지의 길을 함께 걷고 싶었던 안철수는 의학을 전공하게 되었다. 그러나 뜻하지 않게 사람을 살리기 위해서 하는 공부과정에 복병인 외과 수술 과정을 보고 실습해야 하는 난관에 부딪혔다. 내 주위에선 비위가 약해 피를 보면 기절하는 사람이 있다. 그 심정을 내가 다 이해하는 것은 아니지만 사람마다 약한 부분은 다 있다. 내 친구 중에도 간호학을 전공한 이가 있다. 그녀도 처음엔 수술을 하고 바로 밥을 먹지 못할 정도로 힘들었다고 했다. 그렇지만 그 일에 익숙해져야 간호사 생활을 할 수 있기 때문에 정말 노력을 많이 했고 결국엔 이겨냈다.

그렇다면 진정 하고 싶은 일을 하면서 살려면 역경과 고난은 이겨내야만 한다. 역경과 고난의 터널을 통과하지 못한다면 진정한 행복을 맛볼 수 없을 것이다. 아직 세상의 이치를 다 아는 것은 아니지만 제시한 사례들만 보아도 자신이 하고 싶은 일을 하거나 찾기 위해선 역경과 고난을 이겨내야 한다. 그리고 크나큰 시련을 극복해야 다음의 영광을 누릴 수 있다. 임원화 대표는 주위의 시선과 비난은 힘들었지만 그 과정을 슬기롭게 극복하고 지금은 1인 기업가로 책을 쓰면서 당당히 제2의 인생을 개척해 나가고 있다. 그녀의 노력과 발전이 더 기대됨은 나만의 생각일까. 안철수 국민의당 대표 역시 의과대학 초년 시절에 닥친 역경과 고난을 힘들게 극복하고 의사, 교수, 프로그래머, 벤처 CEO 등을 거치며 또 다른 인생을 개척해 나가고 있는 중이다.

나는 역경과 고난을 만나는 것조차 행복한 일이라고 생각한다. 역경과 고난이 크면 클수록 내가 맞이하는 영광은 더 클 것이기 때문이다. 살아 있는 것도 행복이며, 숨 쉬고 빛을 보고 느낄 수 있는 것도 행복이다. 당신은 하기 싫은 일 때문에 고민하고 있는가? 그 고민도 일이 없는 다른 사람들과 비교하면 큰 행복임을 느낄 수 있지 않을까.

진정으로 하고 싶은 일을 하며 행복하라는 말이 내포하고 있는 다양한 의미를 다시 한번 더 생각해 보길 바란다. 물론 문장 그대로를 받아들여도 좋다. 하고 싶은 일이 있고 그 일을 하고 있는 자신을 바라보며 느끼는 행복은 그 무엇과도 비교할 수 없을 것이다. 그렇지만 지금은 행복하지 않는 이유를 줄줄이 말하기보단 이런 역경과 고난 속에서도 아주 작지만 귀한 행복을 찾아보길 바란다.

어린 시절 아무런 이유 없이 내가 느꼈던 것이 있다. 바로 두 다리로 뛸 수 있다는 것이다. 도로 위를 걸어가다가 그 어떤 것을 본 것도 아니었지만 뛰어다닐 수 있음이 한없이 기쁘고 행복했던 기억이 있다. 아마 당신도 이런 경험 한 가지 정도는 있으리라 생각된다. 따뜻한 물 한잔에도 감사할 수 있다면, 시원한 빗줄기가 당신에게 힘이 된다면 그 어떤 시련과 비난도 극복 가능한 것임에 틀림없다. 당신은 행복할 수 있다. 행복은 멀리 있지 않다. 지금 내가 존재하고 있음이 바로 행복인 것이다.

05

준비된 당신에게 주어진 은퇴 후 시간은 축복이다

운은 계획에서 비롯된다.

- 브랜치 리키

현재 우리나라에서 중년으로 산다는 것은 어떤 의미를 가지고 있을까? 3가지로 나눠 볼 수 있다. '자식을 키우면서 부모님의 노후를 책임지고 있는 세대', '다양한 직업을 가져야 하는 세대', '정부를 믿기보단 내가 알아서 노후를 준비해야 하는 세대' 한마디로 무거운 짐을 짊어지고 있는 셈이다. 그렇다면 더 늦기 전에 준비를 해야만 한다.

우리나라는 2001년부터 노인인구 비율이 7%를 넘기면서 고령사회로 진입했다. 그리고 2030년경에는 노인인구 비율이 약 20% 이상이 되면서 초고령화 사회에 진입할 것으로 예측된다. 한경 경제용어사전에 따르면 '고령화사회'란 65세 이상 노인인구가 전체 인구에서 7%를 차지하는 사회를 말한다. 한편 노인인구의 비율이 14%를 넘으면 '고령사회', 20% 이상이면 '초고령사회'라고 규정된다.

올봄에 걷기 운동을 시작하면서 어린이대공원의 성지곡수원지 산책로를 몇 바퀴씩 걸었다. 어린이대공원행 버스에는 대부분 알록달록 등산복을 입은 어르신들이 많이 탄다. 버스에서 내려 대공원 입구를 들어서면 왼편에 무료급식소가 있다. 11시경이 되면 어르신들의 급식이 시작된다. 급식 시간이 되기만을 손꼽아 기다리시는 어르신들도 많아 보인다. 삼삼오오 함께 등산을 하기 위해 모이는 분들과 급식을 하기 위해 모이는 분들이 섞여서 대공원의 아침은 늘 분주하다.

후지타 다카노리의 《2020 하류노인이 온다》에는 다음과 같은 내용이 나온다.

"하류노인에 이르는 이유는 다각적이고 복합적이다. 이 책은 질병과 사고, 시설 부족, 자녀 문제, 황혼이혼, 치매 발병 등의 원인을 들고 있지만 그마저도 우리 사회로서는 부러울 따름이다. 한국은 여기에 더해 허술한 복지 안전망, 중년층 및 고령층의 취업압박 등도 하류노인의 양산 배경이다. 제아무리 잘 살아왔어도 이 같은 함정에 빠지면 노후 빈곤을 피할 수 없다. 돈을 마련했다고, 가족 관계가 좋다고, 몸이 건강하다고 단언해서는 곤란하다. 빈곤, 질병, 고립 중 하나의 문제라도 생기면 하류노인에 이르는 블랙박스 앞에 설 수밖에 없다."

이것은 우리의 코앞에 닥친 현실이다. 자식과 부모님의 보호자로서 해야 할 일이 아직 많지만, 하고 싶은 것을 하지 않고 살 수도 없다. 그러기에 미리 준비를 해야 하는 것이다.

10여 년간의 직장 생활에 마침표를 찍고 병원 개업 및 경영 등을 도와주는 컨설팅 회사 'Change Young Company'를 설립한 이선영 대표는 자신의 저서 《1인 창업이 답이다》에서 이렇게 말했다.

"1인 창업가에게 가장 중요한 것은 목적의식이다. 내가 지금 하고 있는 일에 대한 목적의식 없이 그저 남들이 하는 대로만 따라가는 것은 주제성이 없기 때문에 결국 무너지게 된다. 무엇보다 자신이 하는 일을 진심으로 사랑하고 목적의식을 지닌다면 내가 해야 할 일이 떠오르게 될 것이다."

나의 〈은퇴1인창업연구소〉는 활기차고 행복한 우리의 미래를 함께 만들어 나가길 바라는 마음에서 시작했다. '남편과 은퇴 후를 어떻게 보낼 것인가?'를 시작으로 함께 근무하는 직장인들의 삶에 대한 고민을 들어주고 여러 가지 해결 방법을 찾고 싶었다. 글을 쓰게 되면서 이러한 고민은 나만의 것이 아니라 이 시대를 살아가는 모든 이들의 고민이라는 것을 알게 되었다. 좀 더 빨리 은퇴에 관한 고민을 시작했더라면 하는 생각이 들기도 한다. 그러나 이제라도 함께 해결 방법을 찾아 활기차고 행복한 인생 2막을 만들기를 희망한다. 더불어 당신도 이런 고민을 하고 있다면 당신만의 해결 방법을 모색하고 글을 쓰자. 같은 고민을 가진 사람들에게 유용한 글이 될 것이다. 혹여 그 과정에서 도움이 필요하다면 010.2635.6429로 연락을 해도 괜찮다. 나 역시 같은 길을 걸었으므로 적절한 팁을 줄 수 있을 것이다.

앞서 소개한 《지식창업자》를 보면 "기술, 경험, 심지어 취미조차 지식이 되는 시대에 당신의 지식은 어떻게 자본이 되는가? 당신의 지식으로 무엇을 창업할 수 있는가?"라고 묻는다. 당신은 여기에 어떻게 답변할 것인가? 활기차고 행복한 인생 2막을 위한 나만의 해결 방법은 다음의 4가지다.

첫째, 한 권의 책 출간을 시작으로 사람들과 생각을 공유한다. 둘째, 공유한 생각들을 담을 수 있는 온라인 시스템을 만들어 운영한다. 셋째, 나의 도움을 필요로 하는 현장에서 서로 공감을 나눈다. 넷째, 온·오프라인 시스템이 잘 유지되도록 관리한다.

《지식창업자》는 성공적인 지식창업자가 되기 위한 성공 습관 6가지를 다음과 같이 소개한다.

"첫째, 내 지식에 대한 확신을 가져라. 내가 가진 경험과 지식은 누구와 경쟁 우위를 가지기 위해서 존재하는 것이 아니다. 그 자체가 독특하고 전혀 다른 것이다. 그렇게 때문에 내가 좋아하는 것에 활용하면 된다. 둘째, 간결한 것이 힘이다. 고객은 자신의 삶을 복잡하게 만드는 것을 좋아하지 않는다. 고객이 원하는 가치에 맞는 것을 있는 그대로 전달해 줘야 한다. 셋째, 연결을 통해서 권력을 만들어라. 같은 고민을 가지고 있고 같은 생각을 가진 사람들에 의해서 힘을 쌓아갈 수 있고, 서로의 에너지를 향상시켜 줄 수 있다. 넷째, 기술의 변화를 기회로 인식하라. 일방향으로 흐르던 정보가 이제는 양방향으로 변화된 것에서 벗어나 사람과 사람 간의 정보 유통으로 변화되었고, 그것은 기계와 사람, 사람과 기계 간의 유통으로 변화할 것이다. 기술을 이해하는 힘을 키우는 것이 기회를 만드는 원동력이 된다. 다섯째, 부를 자동화하라. 지식과 정보는 그 어느 때보다 자산으로서 큰 역할을 하고 있다. 잘 만들어 놓은 콘텐츠는 무한대로 부를 창출한다. 부를 자동화시키기 위해서 지식 창업자들은 지식을 콘텐츠화하는 습관을 내재화하고 있다. 여섯째, 전 세계를 대상으로 하라. 지식 창업자라면 자신들의 모국뿐만 아니라 더 넓은 시장을 적극적으로 개척해야 한다."

이제 당신은 자신이 해야 할 일에 대해 목적의식을 지녀야 함을 알았다. 또한 하는 일을 진심으로 사랑할 수밖에 없다. 후반 인생을 평생 현역으로 살고자 하는 우리는 경험과 지식을 바탕으로

1인 기업가로 나아가야 한다. 희망퇴직이나 명예퇴직으로부터 자유로운 인생을 살아야 한다. 스스로 주어진 시간을 자유로이 쓸 수 있는 1인 기업가의 삶은 활기차고 행복한 우리의 미래다. 함께 인생 2막을 준비한 시간들이 아깝지 않도록 당신은 반드시 행동해야 한다. 생각만으로는 아무것도 변화되지 않는다. 느리더라도 한 걸음씩 발을 떼야 한다. 준비된 당신에게 주어진 새로운 시간들은 그야말로 신의 축복이다. 우리 함께 활기차고 행복한 인생 2막을 맞이하자.

06

평생 직장은 없어도 평생 직업은 있다

위대한 일을 하는 유일한 길은 당신이 사랑하는 일을 하는 것이다.
사랑하는 사람을 찾듯 사랑하는 일을 찾아라.

– **스티브 잡스**

우리는 이직이 보편화된 시대를 살고 있다. 당신은 어떤 이유로 이직을 고려하는가? 몸값을 높이기 위해서, 적성에 맞지 않아서, 상사와 동료가 마음에 들지 않아서 등 다양한 이유가 있을 것이다. 예전에는 평생 직장의 개념이 있었다. 말단으로 취직해서 그 회사에 뼈를 묻겠다던 아버지 세대들이 있었다. 평생의 직장이며 평생의 직업이었다. 그러나 이제는 평생 직장은 거의 없어졌다. 하루가 다르게 산업화가 급속도로 진행되고 경제발전과 시대의 변화로 인해 예전의 직업들이 사라지고 새로운 직업들이 생겨났다. 이전 기술이 퇴보되고 신기술이 등장해 신지식으로 무장한 젊은 사람들이 필요하게 되었다. 이전에 배웠던 기술들은 쓸모가 없어지기도 한다.

2016년 6월 〈뉴스토마토〉의 기사에 따르면 평생 직장의 개념이 사라지고 구조조정이나 명예퇴직이 빈번해지면서 미래에 대한 불안감을 느끼는 직장인들이 많아지고 있다고 한다. 실제로 직장인 10명 중 7명은 현재 본인이 하는 일의 미래가 불안하다고 생각하는 것으로 조사됐다. 2016년 〈사람인〉이 직장인 1,121명을 대상으로 '현재 직업 및 직무로 미래에 대한 불안감을 느끼는지 여부'를 조사한 결과, 70.7%가 '그렇다'라고 답했다. 불안감을 느끼는 이유로는 '수입이 적어서', '오래 일하기 어려운 직종이라서', '업무량이 많아서'였다.

나는 전업주부이긴 하지만 직장인과 마찬가지로 불안함이 컸다. 그러나 불안함을 가진 채로 머물기보다는 희망찬 미래를 꿈꾸며 책 쓰기에 몰입했다. 수입도 없고 24시간 업무의 연속이지만 틈틈이 책도 읽고 쓰고 교육방송도 청취하며 주말에는 다양한 교육을 받았다. 틈나는 대로 하는 것이 모두 나의 은퇴 후를 위한 준비인 것이다. 이렇게 작은 것이라도 시작하자.

어린 시절 학교에서 미래는 희망찬 것이라고 배웠다. 나이가 든 지금은 왜 두려움과 불안감을 느끼는가? 우리의 미래는 희망차다고 말할 수 있는 준비가 되어 있지 않은 것은 아닐까? 직장을 다니면서도 우리의 미래를 준비해야 하는 이유가 바로 그것이다. 희망찬 미래를 가질 수 있는데도 미리 불안감과 두려움을 느낀다면 아무것도 할 수 없다. 성경에 "네 시작은 미약하나 끝은 창대하리라."라는 구절이 있듯이 작은 것이라도 나의 미래를 위한 준비를 당장 시작하자. 나의 미래는 내가 뿌린 씨앗으로 열매를 거둘 것이다.

《그리스 로마 신화》에 따르면 아주 오래전 남자만 있던 인간 세계를 보고 걱정스러웠던 신들이 논의 끝에 대장장이 신 헤파이스토스에게 여자를 만들라고 했다. 헤파이스토스는 여신들을 모델로 삼아 흙으로 여자를 빚었고 다른 신들은 생명을 불어 넣었다. 제우스는 흙으로 만든 여자의 이름을 판도라라 명하고 절대 열어 봐서는 안 되는 선물상자 하나를 안겨서 인간세상으로 내려 보냈다. 그러나 판도라는 호기심을 이기지 못하고 상자를 열고 말았다. 그 결과 상자에서는 무서움, 병, 가난, 죽음, 질투, 원망, 거짓말 등등 인간을 괴롭히는 것들이 모두 나와 버렸다. 판도라가 너무 놀라 황급히 상자를 닫고 떨고 있는데 상자 안에서 작은 소리가 들렸다.

"나도 나가게 해 줘."

판도라는 깜짝 놀라 누구냐고 물었다.

"나는 희망이야. 인간에게 가장 소중한 친구."

이것이 바로 판도라의 상자 이야기다. 인간을 괴롭히는 모든 것들이 판도라의 상자에서 나왔지만 희망만은 빠져 나오지 않아 '참 다행이다'라는 생각이 들었다. 지금 현실은 두렵고 고통스럽고 힘들지만 미래의 나는 희망이라는 것을 붙들고 다시 일어날 것을 알기에 오늘도 보람차게 하루를 보낼 수 있다.

나의 작은이모부는 일식 요리사다. 일식 요리 분야에서는 알아주는 대가다. 부산의 일본 영사관에서 오랫동안 요리대장으로 근무를 하셨기 때문이다. 정년을 채우고도 몇 년째 프리랜서로 활동하며 영사관의 파티며 모든 모임의 음식을 주관하신다. 70세가 넘으셨지만 아직도 청춘이시다. 젊은 시절에는 고(故) 정주영 회장에게 스카우트 제의도 받았다. 면접을 보고 월급을 조율할 정도로 자신감도 크셨다. 초등학교를 중퇴하고 접시닦이부터 시작했으니 평생의 직업이었다. 이모부를 뵐 때면 자신의 직업에 대한 식견과 사람에 대한 이해심이 남다른 것을 알 수 있다. 자신의 일을 평생 해 오셨기에 다양한 경험과 실전에서 터득한 식견을 가질 수 있었고, 또한 사람에 대한 이해는 본성과 연륜에서 오는 것이라 나는 판단했다.

작은이모 부부는 인생의 2막에서 다시 시작했다. 인생 1막에서 배우자와의 어긋남 이후에 만나 서로를 이해하고 보듬고 살고 있다. 이모부를 처음 뵈었을 때가 생각난다. 이모가 우리 집에 이모부를 모시고 온 날 나는 어떤 이유에서인지 모르지만 이모부를 보고 활짝 웃었던 기억이 있다. 이렇게 또 다른 가족이 될 줄 내가 알고 있었을까? 알 수 없는 일이다. 남편과의 결혼을 고민하고 있을 때 이모부의 따뜻한 말씀으로 용기를 가질 수 있었다. 처음에 부모님의 반대에 부딪혀 힘들어할 때 이모부께서 잘 살 수 있을 거라고 용기를 주셨기 때문이다. 두 분에게는 고마운 일이 참으로 많다. 앞으로도 행복하게 함께 가족으로 지내길 염원한다.

어릴 때부터 자신이 좋아하는 직업을 찾고 평생 직업으로 전문적인 경지에 오른 사람들이 꽤 많다. 김연아 선수를 비롯해 다양한 분야에서 최고로 살고 있는 사람들만 봐도 알 수 있다. 그렇다고 미리 낙심할 것은 없다. 지금부터라도 자신이 좋아하는 평생 직업을 찾거나 만들면 된다. 당신은 이미 이 책을 읽기 시작함으로써 그 길로 들어섰다고 단언한다. 나처럼 좋아하는 일을 찾고 직업으로 만들자. 우리 모두는 각자 개성이 있다. 자신이 좋아하는 일에 자기만의 역량을 첨가한다면 누구나 성공할 수 있다. 평생 나만이 할 수 있는 일을 근간으로 사람을 이롭게 한다면 금상첨화다.

평생 직장은 없어도 평생 직업은 있다. 단언컨대 진리다. 좋아하는 일과 즐길 수 있는 일을 찾는다면 인생 2막과 3막은 꽃길일 것이다. 행복한 일상이 당신을 기다린다.

07

행복한 은퇴를 꿈꾼다면 건강한 마인드를 가져라

세월은 만인에게 주어진 자본금이다. 이 자본을 잘 이용한 자가 승리한다.

- 아뷰난드

당신은 평생 현역을 꿈꾸는가? 나는 그렇다. 뒷방에서 TV만 보면서 나이 드는 것은 싫다. 시골의 어느 전원주택에서 한가롭게 남은 생을 마감하고 싶지도 않다. 인생 2막은 글쓰기와 강연을 하는 활기차고 행복한 삶을 계획하고 있다. 도전에 대한 성공을 만끽하고 역경과 고난을 통한 영광을 누릴 것이다.

《평생 현역으로 살아가는 법》에서 새집증후군 전문 업체 아리숨을 운영하며 1인 기업가로 활동 중인 김정식 씨가 있다. 다음은 그의 일화다.

"우리 아빠 ○○자동차 회사 다니고, 우리 엄마는 중앙우체국 다닌다. 아무것도 모르는 초등학생 아들이 자랑처럼 하는 말이다. 그게 왜 자랑일까? 내 눈에는 아무것도 모르는 것처럼 보이지만, 그 녀석도 이미 알 건 다 안다는 의미일 것이다. 자신들이 먹는 쌀밥 한 공기, 치킨 한 조각이 결국 부모들이 일하지 않으면 먹을 수 없다는 사실을. 그렇지만 아이들에게 많은 걸 기대할 수는 없다. 자동차 영업사원은 정규직도 아니고 결국 대기업의 봉이라는 사실을, 우체국을 다니긴 하지만 언제 어떻게 될지 모르는 비정규직이라는 사실까지는 모르고 있으니 말이다. 저 녀석이 좀 더 커서 그런 사실을 다 알고 나면 지금처럼 변함없이 날 향해 웃어줄까? 자식들을 위해 디딤돌은커녕 걸림돌은 되지 말자 하루에도 몇 번씩 다짐하는 아버지의 심정을 이해했다."

아들 둘을 낳고 기르면서 나도 다짐을 해 본다. 자식들에게 존경을 받는 부모가 되고 싶다. 존경하는 부모까지는 아니어도 부담이 되는 부모는 되고 싶지 않다. 그래서 더욱 주장하고 싶은 것이 활기차고 행복한 평생 현역이다. 활기차다는 말은 건강한 생활은 기본이고 나 스스로 경제력을 가지고 있으면서 시간을 자유롭게 쓸 수 있는 삶을 말한다. 내 주위에는 젊은이들과 같은 또래의 친구들이 함께하고 있을 것이다. 서로의 생각을 공유하고 함께 취미생활을 하며 NGO 활동을 병행하게 되기를 희망한다.

당신이 생각하는 최고의 삶은 무엇인가? 미국의 오바마 전 대통령처럼 사람들의 고정관념을 과감히 깨뜨리고 그들의 우두머리로서 존경받는 사람인가? 또는 자수성가해 현재 세계 최고의 갑부에 들며 노블레스 오블리주의 삶을 사는 빌 게이츠인가? 아니면 새로운 환경으로 나아가기 위한 사업영역을 개척하고 있는 일론 머스크 같은 사업가인가? 자신이 선택한 분야의 최고를 롤모델로 삼자. 최고가 걸어온 길을 연구하고 분석해 자신의 것으로 만들자.

《어떻게 원하는 삶을 살 것인가》의 저자인 중국의 경제학자 우간린은 공자의 가르침을 통해 원하는 삶을 사는 비결을 이렇게 말한다.

"우리는 종종 남들의 눈이나 시류에 의해 자신의 삶의 방향을 결정짓곤 한다. 때로는 현실과 이상 사이에서 길을 잃고 방황하고, 때로는 주관을 버리고 시류에 따라 이리저리 흔들리며, 눈앞에 닥친 어려움 앞에 좌절하기도 하고, 이제 그만 이상을 포기하라는 주변의 권유에 항복하기도 한다. 그러나 누구도 내 삶에 명확한 답을 제시해줄 수 없다. 다만 나보다 앞서 살았던 누군가가 자신이 겪은 경험을 토대로 삶에 관한 여러 가지 깊은 조언을 들려준다면, 내 인생의 지표를 분명히 세우고 나만의 삶을 만들어나가기가 한결 수월해질 것이다. 게다가 그 조언자가 2천 년이 넘는 세월 동안 많은 이의 삶에 큰 울림을 준 스승이라면 조언의 깊이는 남다를 수밖에 없다."

나는 아들에게 위인전을 많이 읽어 보라고 권유하는 편이다.

역사 속 인물도 물론 있지만 현세의 다양한 인물들도 포함되어 있다. 더불어 나도 가끔은 아들의 책을 통해 위인들의 삶을 되짚어 본다. 그래서 나는 당신에게 분명히 말할 수 있다. 최고의 삶을 살기 위한 토대에는 비난과 시련, 역경과 고난이 항상 함께한다는 것이다. 현재 비난과 시련 속에 살고 있는가? 혹은 역경과 시련에 힘들어하는 중인가? 그렇다고 삶을 포기하지는 말자. 그 어두운 터널을 지나간다면 당신은 분명히 찬란한 새로운 인생을 살게 될 것이다.

설사, 당신의 삶이 매우 형편없어 보일지라도 모든 것은 마음에서 비롯된 것임을 알아야 한다. 마음에서는 늘 자신은 최고이고, 풍요로운 삶을 살고 있으며 항상 새로운 인생을 개척하고자 해야 한다. 또한 항상 밝은 표정을 지어야 한다. 나이가 들어서 피부가 노화되어 주름이 많을지라도 웃고 있는 밝은 인상은 당신을 최고의 삶으로 인도할 것이다.

또한 우간린은 원하는 삶을 찾는 방안으로 다음의 3가지를 공자의 스토리를 통해 말하고 있다. 그것은 "첫째, 최고의 삶에는 하찮은 거짓도 없다. 둘째, 소중한 인연은 우연한 만남에서 비롯된다. 셋째, 가장 특별한 것은 평범한 것에 있다."라는 것이다.

최근 뉴스에는 연일 정치인과 경제인의 탐욕과 비리에 관한 내용들이 나오고 있다. 일반 서민인 우리가 보았을 땐 그들은 겉보기엔 최고의 삶을 살아가고 있는 것처럼 보일 수 있다. 수행하는 비서에 좋은 옷과 고급차 등이 그것이다. 그러나 나는 어떠한 질문에도 진실한 답변을 할 수 없는 그들의 얼굴에서 참으로 비참한 삶의 고뇌와 번민이 느껴진다. 최고의 삶에는 하찮은 거짓도 없다고 생각한 공자처럼 그들이 순수하고 맑은 생각을 가지기를 바란다. 나와 당신이 계획할 최고의 삶은 당연히 거짓이 없는 삶이었으면 한다.

내가 이렇게 글을 쓰게 된 계기는 시간이 남을 때 서점을 자주 방문한 덕분이다. 남편이 몇 년 전 글쓰기를 위해 관련 서적을 구매했을 때도 나는 별 관심을 두지 않았다. 공과대학을 나온 나는 글쓰기에 영 재주가 없는 줄만 알았다. 열심히 책을 구매해서 보면서도 글을 쓸 생각은 눈곱만큼도 하지 않은 나였다.

당신에게 있어 가장 특별한 것은 무엇인가? 나는 바로 '나' 자신이다. 내가 특별하다는 것이 아니다. 나의 몸과 마음이 있기에 지금 이렇게 글을 적고 있기 때문이다. 나는 유명인도 아니고 재주가 출중한 것도 아니다. 아주 부자도 아니고 그렇다고 너무 가난하지도 않다. 그저 우리 세대에 일반적으로 볼 수 있는 평범한 사람이다. 평범하기에 당신에게 함께 우리의 다가올 미래를 준비하자고 권유 또는 코칭하는 것이다.

내 주변에도 대단한 사람들이 꽤 많다. 살아온 이야기가 너무 재미있고 감동적으로 들려 책을 써보는 것이 어떠냐고 물으면 대부분 손사래를 친다. 책은 유명한 사람들이 쓰는 것이라 했다. 나는 그렇게 생각지 않는다. 전문가이고 유명한 사람들은 책을 잘 쓴다. 그러나 나처럼 평범한 사람에게도 인생의 경험은 존재한다. 가장 특별한 것은 평범한 것에 있다는 공자의 생각처럼 말이다.

평생 현역을 꿈꾼다면 최고의 삶을 계획하라. 후회 없이 살고 싶은 최고의 삶이 무엇인지 생각해 보자. 누가 당신의 롤모델이 될 것인가? 꼭 유명하지 않아도 좋다. 내가 선택하는 최고의 삶은 내가 기준이며 어느 누구도 선택에 제동을 걸 수 없다.

08

모든 것을 배움의 연장으로 삼아라

내게 승리는 중요하다. 그러나 내게 진정한 기쁨을 가져다주는 것은 어떤 일이든 하는 일에 완벽하게 열중하는 경험이다.

- 필 잭슨

나는 성공한 멋진 후반 인생을 꿈꾼다. 여유로운 아침을 맞이하고 좋은 음악을 들으며 향기로운 차를 마시고 독서와 글쓰기를 열정적으로 활기차게 하는 삶을 말한다. 나를 필요로 하는 사람을 만나 코칭을 하고 강연을 하며 다른 이들의 삶을 도울 수 있기를 염원한다. 당신은 어떤 후반 인생을 꿈꾸는가?

우리 집에는 TV가 없다. 아들이 생기고 부모님으로부터 독립한 지 10년 차가 되어 가지만 TV를 구매하지 않았다. 아들이 TV를 많이 보지 않기를 바라는 마음도 있었지만, TV 보는 습관을 들이지 않게 하기 위해서였다. 그렇다고 TV를 아예 멀리하려는 것은 아니다. 시댁과 친정을 가게 되면 여지없이 손에 쥐게 되는 것이 TV 리모컨이다. 너 나 할 것 없다. 리모컨을 쥐게 되면 보고 싶은 프로그램만 보는 것이 아니라 그냥 계속 채널을 돌리게 되어 있다. 그렇다고 무조건 TV 프로그램이 나쁘다는 것은 아니다. 유용한 프로그램들도 많다. 그러나 TV 앞에서 의지가 강한 사람은 그렇게 많지 않다.

"할 일 없으면 TV나 보지 뭐!" 당신의 후반 인생을 TV와 함께 보내고 싶진 않을 것이다. 활기찬 인생 후반을 위한 시간을 어떻게 만들 것인가?

최근 월간지 〈MONEY〉에 고위 공직자 A 씨 이야기가 나왔다. "A 씨는 퇴직 후 창업을 했다. 그런데 그야말로 쫄딱 망했다. 그 뒤 외국으로 가서 또 창업을 했다. 가족 입장에서 보면 창업을 한다고 돌아다니는데 돈은 하나도 못 벌고, 심지어 있는 돈까지 가져다가 자꾸 쓰고 다니니 관계가 나빠졌다. 그럼에도 A 씨는 말했다. 나 아직 죽지 않았어!"

고위 공직자였던 A 씨가 돈이 없어서 창업했을까? 그는 왜 망하면서도 계속 창업을 고집했을까? 직장인 남성이 일반적으로 퇴직을 할 때가 되면 부장급 이상으로 회사 내에서 직책이 중급 사원 이상이 되었을 때다. 이런 직책으로 근무하는 것도 잠시 잠깐이고 퇴직할 나이가 되어 버리는 것이다. 후배들에게 대우를 받는 입장에서 갑자기 퇴직으로 인해 명예가 없어지니 권력과 명예를 되찾고 싶은 마음에 무리하게 창업을 하게 될 수도 있는 것이다. 후반 인생을 계획하는 데 있어서 기본은 마음가짐을 새롭게 하는 것이어야 한다. 어떤 직책을 등에 업고 하는 일이 아닌 내가 좋아하는 일에서 평생 할 수 있는 일을 찾아야 한다. 그 일에 전문가로 거듭나 권력과 명예를 가진 사람으로서 일을 하기보단 실행의 전문가로 활동하기를 바라는 마음이다.

은퇴 후에 코이카 베트남 봉사단원이 된 유백열 씨는 이렇게 말했다.

"은퇴하면 무력하다고요? 더 큰 힘과 능력을 찾았죠. 학생들뿐만 아니라 현지인들에게 기쁨과 힘이 될 수 있다는 것, 할 수 있는 일이 생각보다 많다는 것이 참 감사하더군요."

그는 50대 중반 우연히 방송을 보다 봉사단원 이야기를 접했다. 한양대 교직원이었던 그는 다시 교육대학원에서 한국어 교육을 전공했고 2급 교원자격증을 취득했다. 은퇴 후의 삶을 미리 준비하기 위해서였다. 물론 베트남에서 한국어 교사로 2년간의 생활은 힘들었지만 가르친 것보다 자신이 배운 것이 더 많다고 말했다. 그가 배운 삶의 지혜들은 그들과 눈높이를 맞추는 것, 나와 다름을 이해하는 것, 다른 문화를 존중해 주는 것, 먼저 손을 내미는 것, 건강과 안전을 챙기는 것, 그리고 열정을 잃지 않는 것이었다. 그는 또 나눔의 인생 2막에 대해 이렇게 말했다.

"이 세상에는 우리가 살면서 얻은 소중한 경험과 지식에 목말라하는 사람들이 많다. 자신이 가지고 있는 것을 새로운 희망을 찾는 많은 사람과 나눌 때 함께 즐거운 인생 2막의 아름다운 여행이 될 것이다."

그는 새로운 봉사여행을 이어 나갈 생각에 무척 고무되어 있다.

지금부터라도 하고 싶은 일을 찾는 것은 두렵거나 어려운 일이 아니다. 머리로 생각만 하지 말고 나서서 직접 해 보고 맞는지 맞지 않는지 알아봐야 한다. 왜냐하면 내가 경험해야 할 나의 미래이기 때문이다. 어느 누구도 TV만 보면서 인생 2막을 보내고 싶지 않다. 갈 곳 없는 사람처럼 무료하게 남은 인생을 낭비하고 싶지도 않다. 나의 도움이 필요한 곳은 얼마든지 있다. 도움이 필요한 이들에게 나눔의 활동을 시작하자.

후반 인생은 평생 현역이 답이다. 평생 현역으로 살아가기 위한 나만의 방법은 내가 행하는 모든 것을 배움으로 인식하는 것이다. 예를 들면, 좋아하는 사람과 밥을 같이 먹기로 했다면 그들을 만나러 가기 위한 준비와 식사 메뉴를 정하는 것, 교통수단을 정하는 것 모두가 배움의 연장이다. 그들과 함께 밥을 먹으며 삶에 대해 이야기하고 내일에 대해 이야기를 나눈다면 얼마나 행복한 배움일까.

자식과도 언제나 공부와 인생에 대해 언쟁을 벌이며 사랑, 행복에 대해 이야기를 하지만 새로운 문제들이 드러난다. 그 문제로 인해 서로가 다름에 대해 합의점을 찾을 수 있을까 고민하기도 한다. 내게 열정과 바람과 희망이 없었다면 자식들과 언쟁을 벌일

일도 없을 것이라고 생각하고 오늘도 배움의 연장이라고 말하고 싶다.

내 주변에 일어나는 모든 일들을 배움의 연장이라고 생각한다면, 내게는 남을 도우며 살 수 있는 평생 현역으로서의 삶이 보장되는 것이다. 그 배움에서 삶의 문제와 방법들을 잘 정리해 둔다면 같은 상황을 겪게 될 후배들에게 아주 유용한 지침서가 될 것이다. 배움도 나눔도 멀리 있지 않다. 먼 곳에서만 배움과 나눔을 찾지 말고 주변에 힘들어하는 사람들에게 배움과 나눔을 실천하자.

고요한 호수에 떨어진 작은 물방울에서 시작된 하나의 물결이 서서히 번져 호수 가장자리까지 전달되는 잔물결 효과(ripple effect)처럼 그 여파는 점차 확산된다. 잔물결 효과와 같은 배움과 나눔은 평생 현역으로 가기 위한 준비 과정이다. 이러한 준비 과정을 통해 우리는 성장하고 또 성장한다. 어떤 이들은 고통이라고 할 수도 있다. 그러나 성장을 위한 고통은 고통이 아님을 인식하자. 평생 현역의 인생은 혼자 이룰 수도 없고 홀로 나눌 수도 없다. 타인과 함께할 때 더욱 빛나는 것이다. 나는 알고 있다. 당신의 활기차고 행복한 인생 2막은 평생 현역으로 사람들과 함께 이루게 될 것을 말이다.

회사를 졸업하겠습니다

초판 1쇄 인쇄 2017년 11월 03일
초판 1쇄 발행 2017년 11월 10일

지 은 이 **김미정**
펴 낸 이 **권동희**
펴 낸 곳 **위닝북스**
기 획 **김태광**
책임편집 **채지혜**
디 자 인 **박정호**
교정교열 **김진주**
마 케 팅 **허동욱**

출판등록 **제312-2012-000040호**
주 소 **경기도 성남시 분당구 수내동 16-5 오너스타워 407호**
전 화 **070-4024-7286**
이 메 일 **no1_winningbooks@naver.com**
홈페이지 **www.wbooks.co.kr**

ISBN 979-11-88610-07-5 (03190)

이 도서의 국립중앙도서관 출판도서 목록(CIP)은 서지정보유통지원시스템 홈페이지(http://seoji.nl.go.kr)와 국가자료공동목록시스템(http://www.nl.go.kr/kolisnet)에서 이용하실 수 있습니다.(CIP제어번호: CIP2017026668)

위닝북스는 독자 여러분의 책에 관한 아이디어와 원고 투고를 설레는 마음으로 기다리고 있습니다. 책으로 엮기를 원하는 아이디어가 있으신 분은 이메일 no1_winningbooks@naver.com으로 간단한 개요와 취지, 연락처 등을 보내주세요. 망설이지 말고 문을 두드리세요. 꿈이 이루어집니다.

※ 책값은 뒤표지에 있습니다.
※ 잘못 만들어진 책은 구입하신 서점에서 교환해 드립니다.